Et à la fin, on gagne

Yeo Moriba
avec Clémence de Blasi

Et à la fin, on gagne

Fayard

Les scènes et les dialogues qui figurent dans ce livre ont été reconstitués à partir des souvenirs que Yeo Pogba a confiés à Clémence de Blasi au cours de leurs entretiens. Si ce récit, librement inspiré de la vie de Yeo Pogba, peut, parfois, ne pas être le reflet exact de la réalité, il constitue bien son témoignage.

Couverture : Le Petit Atelier
Chanson p. 189-190 :
Vegedream **« Ramenez la coupe à la maison »**
(K.V BORA/ E.S DJEDJE / K. KABONGO)

ISBN : 978-2-213-72154-5
Dépôt légal : novembre 2022

À mes parents, à mes enfants.

À son arrivée, on a passé autour de son cou un boubou bleu et gris à l'encolure réveillée de broderies dorées, et posé sur sa tête une chéchia assortie. Il a belle allure ainsi, impérial, un peu impressionné face à la foule massée pour l'accueillir.

Onze ans déjà qu'il n'avait pas mis les pieds en Guinée.

Deux jeunes filles tendent vers lui des calebasses pleines de noix de cola, comme le veut la tradition ; c'est une marque de respect.

« Bienvenue chez toi, Paul », crie une voix, assez fort pour percer le brouhaha ambiant.

Les mots flottent un moment dans la touffeur cuisante de cette fin du mois de juin.

L'air moite est chargé d'odeurs de sueur, de terre chaude et d'étoffes amidonnées. La pluie viendra, mais plus tard, longtemps après, une fois que les derniers cris, les klaxons et les rires se seront dissipés. C'est extraordinaire, cette ferveur ; Conakry est plus palpitante que jamais.

Je me fonds dans le sillage de mon fils, souriante mais discrète derrière de larges lunettes fumées. Tous ces gens sont venus pour lui ; son retour est un événement dans le pays. Ce n'est que son deuxième voyage dans la patrie de ses ancêtres. La première fois, il avait à peine dix-huit ans. Que de chemin parcouru, en quelques années. Même à ce moment-là, interrompue à intervalles réguliers par le jeu des photos et des caméras auquel je me prête volontiers, je ne peux m'empêcher d'y penser.

Une banderole un peu délavée, déployée sur le côté de la route, attire soudain mon attention. Quatre visages y sont alignés. Ceux de mes trois fils – Paul, Mathias, Florentin – et le mien. Une famille liée par une même adoration, celle du ballon rond, auquel nous devons tant…

C'est ici, à plus de 4 600 kilomètres de Paris, que tout a commencé. À présent, je suis prête à raconter notre histoire. Les sacrifices qu'il aura fallu faire pour en arriver là, toutes les tempêtes que nous avons traversées, les petits et les grands renoncements, les humiliations qui piquent le cœur comme venin de serpent. Je ne regrette rien, ne renie aucun de mes choix. Dieu sait qu'il y en a eu, des obstacles. La route n'était pas toute droite, loin de là. Elle nous réserve d'ailleurs toujours des surprises, parfois difficiles, comme en témoigne la crise que notre clan traversera à la fin de l'été 2022. Face aux polémiques qui peuvent nous affecter, je suis fière aujourd'hui de raconter d'où je viens, les choix que j'ai faits, les valeurs qui me portent et ma vision de la famille.

Car en regardant autour de moi, ce jour-là, je ne vois que du bonheur sur les visages, de la joie. Le drapeau guinéen, rouge-jaune-vert, flotte au vent. Nous y sommes arrivés, nous nous en sommes sortis. Mon pays nous accueille avec des honneurs dont je tire une certaine fierté. Tout est aligné ; passé et présent se serrent la main, réconciliés.

J'ai toujours gardé espoir, osé croire, même dans les moments de ma vie les plus noirs. Et c'est sans doute cela, la plus grande de toutes mes victoires.

1

Dimanche de stade

Conakry, 1982

Voilà, c'est arrivé. Je l'ai tellement désiré, c'est aujourd'hui, ça y est. Des nuits de charbons ardents, saturées d'excitation, sommeil fuyant. Et voilà, il nous fait face, voilà, et nous allons y pénétrer. Ma sœur Lucie tend au chauffeur un billet, puis s'extrait du taxi jaune et noir la première. Ses cheveux sont si denses que le soleil s'y perd.

« *Mama, ibolo dimma !* »

Joignant le geste à la parole, elle m'attrape fermement par la main et fonce comme une flèche vers l'entrée du stade du 28-Septembre ; je ballotte derrière elle comme un serpentin. Lansana, mon grand frère, ferme la marche. Ses yeux sombres sont un peu cernés ; lui non plus n'a pas du tout dormi, occupé qu'il était à ambiancer les maquis, ces bars festifs de Conakry.

Devant les portes, ça fourmille. Il n'est que sept heures du matin, le match ne commencera qu'au milieu de l'après-midi, pourtant la principale enceinte sportive de Guinée est littéralement assiégée. Rassurée par la présence de mes aînés, je me faufile entre les supporters maquillés de vert et de blanc, les couleurs du Hafia FC, le club le plus fameux de la capitale, et même de tout le pays. Mon regard dévore les drapeaux, les grands chapeaux, les tapeurs de tam-tam qui prennent place. Ces clameurs, Lucie et Lansana les connaissent déjà. Pour moi, c'est la toute première fois : avant ce jour, à cause des bousculades, je n'y avais pas droit.

« Quand tu auras douze ans, pas avant », statuait jusqu'alors mon père, Mathias Fassou, qui à la maison ne parle que le français. Moussokoro, ma mère, abondait en malinké, la langue majoritaire en Haute-Guinée, d'où proviennent les membres de sa lignée.

J'ai attendu longtemps, redemandé souvent. Et ça y est, nous y sommes, voilà, assis dans la tribune couverte, sur des gradins accueillants. Les places pour le match du dimanche ont été achetées bien des semaines auparavant. Lansana s'éclipse un moment et revient les bras chargés de fanions colorés et d'aliments : sandwichs au pâté ou au *corned-beef*, sardines argentées, beignets au sucre glacé qu'il me tend.

Je savoure tout ensemble les odeurs de pétards, la fumée et les chants, pour encourager l'équipe, que l'on m'apprend :

Hafia aluyé balontan ka but la döu !

Le public, autour de nous, gesticule et s'embrasse. Ça rit, ça crie, ça cancane.

« Mama, on t'a raconté la victoire du Hafia sur l'ASEC d'Abidjan ? » jubile Lansana à mon côté en dérangeant d'une main joueuse ma tignasse coiffée en pompons.

Mille fois au moins, oui, si je me souviens bien.

Pas le temps de répondre qu'il enchaîne :

« C'était la demi-finale de la Coupe des clubs champions africains, en 1976, s'enflamme mon frère. Le match aller se déroulait à Bouaké. À l'époque, les relations entre notre président, Sékou Touré, et celui de la Côte d'Ivoire, Houphouët-Boigny, étaient pleines de piquant. La foule était furieuse, ça bardait. À cause des insultes, des vexations, notre équipe a été déstabilisée : l'ASEC a dominé, 3-0. La revanche, nous l'avons prise peu après, ici même, chez nous. Cinq à zéro, tu imagines ? Les Ivoiriens en ont mangé leurs chapeaux ! »

Il jubile ; on jurerait qu'il y était.

« Et le stade où nous sommes, s'il s'appelle comme ça, tu sais pourquoi ? » renchérit Lucie en me poussant du coude. Bien sûr, que je le sais. Le 28 septembre, c'est le jour où Sékou Touré a dit non au référendum constitutionnel français de 1958 ; nous voulons notre liberté ! Notre pays est la seule des colonies françaises à l'avoir rejeté – quelques jours plus tard, son indépendance était proclamée.

Tandis que nous discutions, que nous virevoltions, le vélodrome a achevé de se remplir ; il y a du monde partout, assis ou debout, 25 000 personnes au bas mot. Dans la tribune officielle, un peu en surplomb, quelques hommes politiques font les cent pas. Je ne sais plus où donner de la tête : toute cette gaieté, cette ferveur, c'est un spectacle permanent dont je ne me lasse pas. Les heures fuient en un claquement de doigts.

Un frémissement, soudain, quelque chose dans l'air, une fébrilité redoublée m'indiquent qu'il se passe quelque chose sur le terrain. Les joueurs du Hafia s'alignent sur la pelouse, à mesure que des griots, issus d'une caste de poètes et de musiciens, célèbrent leurs noms. Je reconnais immédiatement le milieu de terrain Souleymane Cherif, Ballon d'or africain deux ans après ma naissance, en 1972, et l'attaquant Petit Sory. Il y a aussi Papa Camara, Morciré Sylla, Mory Kone… tous mes joueurs favoris, de vraies célébrités !

Les membres de l'équipe adverse s'avancent courageusement à leur tour – qui donc est venu les encourager ? Le stade entier semble palpiter et gronder pour les Vert et Blanc seulement.

Le coup d'envoi est enfin lancé ; Lucie et Lansana tremblent et s'agitent autour de moi, survoltés, fous de joie. Ils scrutent chaque action, râlent contre les décisions arbitrales. Je retiens mon souffle, grisée, dans le fourreau étroit d'une robe simple, légèrement froissée. Notre équipe, aujourd'hui, doit absolument gagner. Chauffés à blanc par nos cris, les joueurs du Hafia se démultiplient, s'arrachent sur chaque ballon. Ils étouffent nos adversaires, qui n'existent pas. À chaque but que nous inscrivons, ils s'en retournent, les épaules basses, nuques courbées sous nos hourras. Ils l'ont compris : ici, il n'y a de place que pour le Hafia, qui remporte facilement le match.

Je voudrais que ça continue, que ça ne s'arrête jamais. Mais on m'entraîne, il faut se frayer un passage pour sortir, c'est fini, c'est comme ça.

Inutile d'espérer trouver un véhicule pour rentrer, les routes de la capitale sont totalement engorgées. Partout se dessinent de longues files immobiles de voitures et de *Allah kabo*, ces bus qu'on surnomme ainsi pour plaisanter, « Dieu est grand », rapport à leur vétusté. Quand on les prend, mieux vaut s'en remettre au Créateur ; on n'est pas sûr d'arriver ! Conakry est vibrante, comme électrisée.

Notre maison, dans le quartier des fonctionnaires, Cameroun-cité, se trouve à quelques kilomètres du stade. Nous faisons la route du retour à pied, transpirants et joyeux, encore surexcités ; Lucie et Lansana me tiennent la main chacun d'un côté. En chemin, nous commentons, blaguons et refaisons le match – et c'est presque aussi bon que d'y avoir assisté.

2

Les filles du terrain rouge

Le ballon élimé s'échappe de la cour de notre maison pour terminer sa course quelques mètres plus loin, au milieu d'un petit rond-point terreux. Ses rebonds soulèvent un nuage de poussière ocre et rameutent une nuée d'enfants qui nous rejoignent en courant. Aucun mur ne sépare les habitations, seulement délimitées par des bougainvilliers, des rangs de palmiers et d'avocatiers ; d'élégantes libellules rouge et noir viennent en caresser les feuilles, pleines de légèreté.

Le quartier est entouré de rizières. Au détour d'une ruelle, on aperçoit la ligne claire de la mer, proche et lointaine à la fois, comme un fil tendu à l'horizon. Nous passons à l'envi d'une habitation à une autre, insouciants, libres comme l'air. Tout est toujours ouvert. J'ai tant sillonné ce quartier, flanquée de Lucie et de mes frères, qu'il est peuplé de mille repères secrets. Le chemin, là-bas, c'est celui de l'éléphanteau. Il s'était un jour échappé d'une sorte de zoo, un peu plus haut, pour traverser la cité. Tous les gamins du coin l'avaient escorté en piaillant, c'était une fête, un véritable événement.

Sur le rond-point, deux équipes de jeunes voisins se sont naturellement formées, sans que personne ait besoin de se concerter. Lucie, Lansana et moi sommes toujours ensemble – rien ne sait nous séparer. Les astuces de ce jeu, ce sont eux qui me les ont soufflées. Nous suivons chacun des résultats du Syli, l'équipe nationale guinéenne, assoiffés de records et d'exploits.

« Mama ! »

Si tous me surnomment ainsi, c'est parce que j'ai hérité du prénom de ma grand-mère paternelle. Chez nous, les prénoms se transmettent de génération en génération ; nous cultivons les homonymes comme autant d'hommages, de ponts entre les époques.

Mon grand frère cherche un instant mon regard, puis m'envoie un boulet de canon que j'ai à peine le temps de voir passer.

Manqué, évidemment. Le tir a dérangé un corbeau au poitrail blanc, qui s'éloigne en sautillant dans un croassement réprobateur.

Mon front luit de sueur. Je le tamponne avec un mouchoir en tissu, puis me dirige vers la maison à petites foulées. Dans la cuisine, il y a toujours de l'eau fraîche. Je baisse la tête en passant sous le fil à linge sur lequel pendent nos vêtements propres, laissés à sécher au soleil, gravis les quelques marches de l'escalier qui mène sur le perron, quand des voix adultes venues du salon attirent mon attention.

« C'est un grand honneur de vous recevoir », scande ma mère d'une voix pleine d'émotion.

Je me glisse jusqu'à elle avec timidité. Dans la pièce aérée, aux murs décorés de photos de famille et de portraits, se trouve le grand frère de ma mère, Louis Lansana Beavogui. C'est un homme calme et cultivé, que j'apprécie énormément. Un personnage important, aussi – depuis 1972, il est le Premier ministre de notre pays. Cette fonction, avant sa nomination, n'existait pas en Guinée.

À son côté, souriant, se tient un homme que je reconnais instantanément, sans l'avoir jamais vu de mes yeux pourtant : Ahmed Sékou Touré.

Un président chez moi ! Mes yeux s'écarquillent de stupéfaction. L'homme d'État me salue d'un rapide hochement de tête, avant de me tendre la main. Il s'entretient quelques minutes encore avec mon oncle et ma mère, puis repart, dans une voiture conduite par un chauffeur.

Jusqu'au coucher, toute la fratrie ne parlera que de ça ; de cette visite de courtoisie qu'on n'attendait pas, et qui a mis les voisins en émoi.

Ma famille est originaire de la Guinée forestière ; une région verte et montagneuse du sud du pays. C'est là que se sont rencontrés mes parents, du côté de Guéckédou, au carrefour des frontières du Liberia et de la Sierra Leone. Mon père enseignait alors dans une école primaire ; ma mère également. J'étais petite encore quand ils sont venus s'installer à Conakry, poussés vers la capitale au vent d'une immense opportunité : papa a été nommé chef de cabinet au ministère de la Jeunesse.

Chez nous, tout se mélange aisément. Mon père est chrétien, ma mère musulmane ; leur mariage a été prononcé à l'église et à la mosquée. Mes deux grands frères, ma sœur et moi parlons malinké avec maman, français avec papa, et aussi le guerzé, le soussou, le pular, quelques mots de konianké – si la langue officielle est le français, le pays compte près d'une vingtaine de dialectes très utilisés.

Ensemble, mes parents ont eu quatre enfants. Lansana est notre aîné ; il aime le foot et le judo, c'est un fêtard invétéré. Sidiki, le second, plus sérieux et posé, me ressemble assez. Ensuite est arrivée Lucie, dotée elle aussi d'un tempérament de feu. Je suis la dernière, sage et plutôt scolaire. Casanière, peu bavarde, assez solitaire.

De nos parents, nous avons reçu une éducation juste mais sévère – nous sommes gâtés, mais n'avons pas intérêt à moufter. À la maison, tout est très carré. Maman est gentille mais stricte ; il faut filer droit sans quoi nous sommes vite punis, chargés du ménage ou interdits de sortie.

Je fréquente sa classe pendant un an, à l'école primaire du quartier Camayenne Plage. À la rentrée suivante, on me confiera à l'une de ses amies ; c'est sans doute mieux ainsi. Après les cours, je passe beaucoup de temps avec mes frères et ma sœur, à jouer au football notamment. Ce sport très populaire laisse totalement indifférents nos parents. Ma mère coud, brode, tricote, vaque à quantité de tâches domestiques. Mon père lit, écrit, aime chasser les biches en brousse le vendredi. Il possède une carabine automatique, toutes sortes de fusils. Son adresse est telle qu'il lui arrive de faucher des oiseaux en plein ciel ; il aime aller pêcher en mer, aussi.

Je m'essaie à de nombreux sports, comme le volley ou le basket, à l'exception notable de la natation. Notre maison est à moins d'un kilomètre de l'Atlantique, mais je ne me baigne pourtant jamais. J'ai peur de toute cette eau qui pourrait m'emporter, et préfère la contempler du bord, bien à l'abri sur les rochers. Je m'y promène presque chaque jour, dans la robe bleue réglementaire des collégiennes.

C'est ma façon de m'oublier un moment, loin des problèmes et des cris de mes parents, qui écorchent mes oreilles de plus en plus souvent.

Là, sur les rives qui bordent l'océan, je rêve de l'Occident.

Mon frère Sidiki, plus âgé que moi d'une vingtaine d'années, l'a déjà gagné. Il vit à

Wroclaw, dans l'ouest de la Pologne, où il étudie la géologie dans une école d'ingénieurs. D'ici à quelques années, je brûle de m'envoler pour l'Europe avec une bourse d'études, moi aussi. Oncle Lansana, dont l'une des filles est élève en Roumanie, m'a cent fois promis qu'il m'aiderait à en obtenir une à mon tour, le moment venu. J'essaie d'imaginer ma vie dans l'un de ces pays de l'Est où les jeunes Guinéens désireux de s'inscrire à l'université sont plus facilement reçus qu'ailleurs. Pour moi, ce sera peut-être la Bulgarie. Dans tous les cas, il me faudra être patiente ; les places sont chères, dit-on, et les postulants au départ nombreux. J'entends parfois mon père et ses amis en parler entre eux. Il paraît que certains de ceux qui sont partis refusent de regagner le pays.

Les différends, entre nos parents, sont irréconciliables ; sous notre toit, l'atmosphère est devenue irrespirable. Leur décision est entérinée : ils vont divorcer. Papa lui a préféré une autre femme ; ma mère, Lucie et moi quittons à regret le logis familier. Lansana, notre aîné, a récemment fondé son propre foyer ; Sidiki est à l'étranger. Je promène ma peine de Cameroun-cité à Camayenne, sous le choc, désorientée.

Nous vivons désormais dans une petite maison préfabriquée à étages, trouvée en urgence par notre oncle. Ce n'est pas une époque facile ; très éprouvée par la séparation d'avec notre père, maman multiplie les crises d'épilepsie depuis son abandon. Sa santé se dégrade tant qu'elle ne peut plus travailler et doit prendre une retraite anticipée. Chez nous, les hôpitaux n'ont pas le matériel qu'il faut ; elle doit aller au Sénégal pour se faire soigner. Maman est une battante, au caractère d'acier, mais elle est abîmée. Si seulement je pouvais l'apaiser... Je me jure de lui rendre au centuple, plus tard, tout ce qu'elle nous a donné.

Au collège de Donka, nous jouons aussi au football parfois. L'un des professeurs, monsieur Dioubaté, organise régulièrement de petits tournois. C'est un passionné ; il constitue des équipes après avoir observé jouer les élèves.

« Tu te débrouilles pas mal, Yeo », me lance-t-il un jour après m'avoir évaluée.

Du haut de mes treize ans, je rougis de satisfaction et de plaisir mêlés.

Nous nous entraînons sur l'un des grands terrains en jachère qui bordent l'établissement scolaire. On l'appelle le terrain rouge, à cause de cette boue carminée qui macule nos mollets jusqu'aux genoux et s'incruste sous nos ongles.

Dans l'équipe nouvellement constituée, il n'y a que des filles, c'est son originalité. Je joue milieu défensif, un poste central, l'endroit où les matchs se gagnent ou se perdent. Nous nous amusons beaucoup, mais n'avons, au départ, pas d'adversaires : nous sommes, à l'évidence, la seule équipe féminine de Conakry ! Ce qui n'empêche rien du tout – nous jouons entre nous, c'est tout.

Monsieur Dioubaté suit nos progrès, les applaudit. Au bout d'un an ou deux, il me propose de devenir capitaine de l'équipe. De nombreuses collégiennes aspirent à la rejoindre : entre nous, autour du sport, se sont créés de solides liens d'amitié. Nous sommes des filles dans le vent, un modèle pour l'établissement. Dans d'autres écoles, peu à peu, se créent des bandes d'adolescentes qui prétendent nous ressembler.

Notre formation, qui n'a pas vraiment de nom, est de plus en plus souvent invitée à faire des levers de rideau au grand stade.

C'est comme faire la première partie d'un concert ; nous disputons un match sous les yeux du public en attendant l'arrivée d'athlètes plus expérimentés.

L'arbitre siffle le coup d'envoi : l'attaquante de l'équipe adverse fait la passe à l'une de ses coéquipières, qui progresse dans notre moitié de terrain. Je me mets en travers de son chemin et lui coupe la route, exaltée par les cris des spectateurs dans les tribunes. Ma trajectoire vient briser la sienne, mais elle parvient à m'esquiver et s'approche dangereusement de la surface de réparation. Elle glisse le ballon à l'une de ses partenaires, dont la frappe finit heureusement dans les gants de notre gardienne.

Les minutes défilent, puis vient la mi-temps, sans qu'aucune équipe parvienne à prendre l'avantage. Malgré la fatigue et la chaleur accablante, les joueuses ne lâchent rien. Cinq minutes après la reprise, nous perdons le ballon aux abords des seize mètres adverses. Nos rivales lancent une rapide contre-attaque, alors que notre défense est totalement démunie. Sans réfléchir, je m'envole dans une poursuite effrénée et parviens à rattraper la porteuse du ballon. Celle-ci ne voit pas venir mon tacle glissé : je récupère le cuir et, me retournant, aperçois au loin une des latérales en position d'attaque. C'est Dakia, la fille du président du Hafia Club – elle se débrouille très bien. Ma passe déchire les airs, pour atterrir parfaitement sur sa poitrine. Un dribble pour effacer son vis-à-vis, frappe enroulée, et c'est le but !

Autour du terrain, des journalistes sportifs se pressent pour nous voir jouer. Après chaque match, nous lisons leurs comptes rendus dans la presse, impressionnées, les yeux brillants de fierté : une victoire de plus pour notre équipe.

Le football est une affaire sérieuse ; il irrigue la plupart de nos songes, toutes nos aspirations. Chaque jour, à la sortie des classes, shorts et maillots disparates sur le dos, nous faisons de notre mieux pour perfectionner notre jeu. En tant que capitaine, il est de mon devoir de veiller sur chacune, dispenser les conseils nécessaires pour les faire avancer, prendre des décisions, encourager et guider. Quand je ne dispute pas une partie, je joue les arbitres, de petits drapeaux rouges et jaunes à portée de main pour les fautes. Cette nouvelle passion et toutes ces occupations remplissent mon temps libre et me changent les idées.

L'autre clique à laquelle j'appartiens, c'est celle que nous formons avec Rouguiatou Soumah, N'gonet Sankhon et Saran Konde, quelques-unes de mes meilleures amies du quartier. Ce club sélectif, aux membres triés sur le volet, nous lui avons donné un nom : les Hippies Girls. Traîner en groupe, se coiffer, organiser des anniversaires, s'inviter à la maison sont quelques-unes de nos principales activités. Nous écoutons beaucoup de musique : les tubes guinéens ou latinos des années 1980, mais aussi James Brown, Michael Jackson, les Guadeloupéens du groupe Kassav' ou les Congolaises Tshala Muana et Mbilia Bel. Les murs de ma chambre sont couverts de posters, arrachés dans les magazines, à l'effigie des personnalités qui m'inspirent. Comme la chanteuse sud-africaine Miriam Makeba, l'un des symboles de la lutte anti-apartheid ; elle a vécu un temps en Guinée après avoir fui son pays. Au-dessus de mon lit, dans cette chambre pleine de lumière que je partage avec Lucie, se distingue aussi la militante américaine Angela Davis, avec son afro qui forme autour de son visage un drôle de halo.

Dans mon armoire, les pagnes de wax côtoient des tenues plus européennes. Je passe des heures à m'habiller. J'accorde à mes vêtements, au maquillage et aux bijoux, un soin particulier : ils portent un message, sont le reflet de ma personnalité.

Dans la cuisine, j'entends maman s'activer à la préparation du riz ou du fonio, une sorte de couscous au grain très fin, accompagné de sauce tombo. C'est un plat typique de la forêt, qui réunit haricots, poisson fumé, viande, huile rouge et bicarbonate. Je la rejoins, alléchée, pour l'aider à découper tous ces ingrédients que nous sommes allées choisir ensemble sur le marché de Madina, le plus grand et le plus foisonnant de toute la ville.

3

Le camp de Kindia

L'une de mes tantes du côté de maman, Fatou N'Diaye, habite à Dakar, au Sénégal, avec Touré, son mari, et leurs enfants. Leur maison se trouve au centre de la capitale, tout près du stade Demba-Diop. C'est la première fois que je leur rends visite, et la deuxième seulement que je m'envole loin de chez moi : il y a quelques années, avec mes parents, j'ai pris l'avion en famille pour le Liberia.

Cette fois, j'ai voyagé seule. Fatou et les petits sont venus me chercher à l'aéroport ; je vais vivre avec eux le temps des vacances, c'est-à-dire pour un mois. Entre les sorties, les virées au marché et la découverte de l'île de Gorée, je n'ai pas le temps de m'ennuyer.

Je me sens gaie et apaisée, aussi à l'aise que chez moi.

La journée a été bien remplie, Fatou et moi sommes assises dans la véranda et discutons mollement, la radio produisant un léger babil en fond sonore, quand ma tante, un doigt posé sur les lèvres, me fait brusquement signe de me taire. J'obéis et tends aussitôt l'oreille, attentive comme une statue, surprise par la voix grave et le ton solennel du présentateur des informations.

La Guinée est en deuil. Le président Ahmed Sékou Touré est mort aujourd'hui, lundi 26 mars, à l'âge de soixante-deux ans. Le chef de l'État venait de subir une intervention de chirurgie cardiaque aux États-Unis...

Fatou et moi, sous le coup de la surprise, nous dévisageons en silence. La pièce, autour de nous, est comme décolorée. Traversée d'émotions contraires, je ne parviens d'abord pas complètement à assimiler la nouvelle. Sékou Touré est le seul président que j'aie connu : il était déjà au pouvoir bien avant ma naissance. Que va devenir le pays maintenant ? Je pense à ma mère, à mon oncle Lansana, et soudain il n'y a plus que ça qui compte : je veux rentrer chez moi. À force d'insistance, Fatou réussit à échanger mon billet retour en urgence ; j'atterris en Guinée quelques jours plus tard.

À Conakry, l'annonce du décès du président révolutionnaire s'est répandue à voix basse, en murmurant, comme si les habitants refusaient d'y croire vraiment. La capitale est pétrifiée d'attente et d'effroi ; l'appréhension du lendemain pèse sur nous de tout son poids. Les hommes retiennent leur souffle, sur leurs gardes, intranquilles et méfiants quant à la suite des événements. Les drapeaux sont en berne, tous les commerces ont gardé leur rideau baissé.

En tant que Premier ministre, mon oncle Lansana décrète un deuil national de quarante jours pour honorer la mémoire de l'illustre défunt. C'est à lui que revient d'assurer la charge de la fonction présidentielle pendant la période de transition, le temps que soient organisées des élections.

Dans l'immédiat, le grand frère de ma mère doit organiser les funérailles du président. La dépouille de Sékou Touré est rapatriée en Guinée, où il est enterré le 30 mars 1984. Mon oncle accueille les délégations, nombreuses, qui se présentent à l'aéroport de Conakry : une vingtaine de chefs d'État africains ont fait le déplacement, ainsi que George Bush, le vice-président des États-Unis. Devant le mausolée de Camayenne, où est inhumé le père de l'indépendance guinéenne, mon oncle Lansana prononce un long discours d'adieu auquel on ne m'a pas permis d'assister.

Autour de notre famille, quelque chose, du jour au lendemain, a brutalement changé. Voisins, connaissances et amis ne nous regardent plus du même œil. Des visiteurs, perdus de vue depuis des années, jouent des coudes et se bousculent sur le seuil d'entrée de la maison. Nous croulons sous les félicitations à transmettre à notre oncle, les sollicitations. Cela ne semble pas réjouir ma mère, qui tourne en rond dans la maison, le front barré d'une inquiétude vive qu'elle tente de nous dissimuler.

Ses sombres pressentiments se vérifient quelques jours seulement après l'enterrement du président. Le 3 avril, un cousin vient nous avertir de l'arrestation de notre oncle, ainsi que de tous les membres du gouvernement et de la famille de Sékou Touré.

Les informations nous parviennent au compte-gouttes : c'est un coup d'État, les militaires se sont emparés du pouvoir, il y a eu des morts lors des affrontements. Lansana est détenu à la prison centrale du camp Kémé Bouréma de Kindia, à plus d'une centaine de kilomètres de la capitale.

La veille encore, nous étions entourés, célébrés : en un instant, tout s'est effondré. Voilà qu'on s'écarte sur notre passage ; dans le voisinage, il n'en est pas un qui ne nous tourne le dos. Parce que le frère de maman est prisonnier, les gens refusent de nous parler. Ils ont même peur de nous approcher, nous fuient comme des pestiférés. Des hommes en armes, aux ordres des colonels qui ont orchestré le coup d'État, Lansana Conté et Diarra Traoré, sont bientôt envoyés pour monter la garde jour et nuit devant notre demeure. Nous voilà assignés à résidence, surveillés. L'école, pendant un moment, nous ne pouvons même plus y aller. Il faut attendre que la ville se stabilise. Plusieurs mois s'étirent comme dans du coton, saturés d'angoisses et d'irréalité, quand, au milieu du mois d'août, s'arrête sans s'être annoncé un convoi devant la maison.

« Lansana Beavogui voudrait parler à sa sœur, lance un militaire à ma mère, il faut vous rendre à Kindia dès que possible. »

L'expédition s'organise rapidement : mon frère Sidiki, rentré en Guinée quelques saisons plus tôt avec sa femme, Wieslawa, et leurs filles, fera la route jusqu'à Kindia avec maman et deux de nos oncles. Je les attends jusqu'au soir en me rongeant les sangs. Postée devant une fenêtre, je guette leur retour impatiemment. La nuit est déjà tombée quand je les vois enfin arriver, en silence, les regards las et bas. Personne ne dit rien. Je n'ose pas demander à maman comment va Lansana ; elle se contente de tenir un moment ma main entre les siennes avant d'aller se coucher.

Le lendemain matin, la rumeur a déjà fait le tour du quartier : Lansana Beavogui ne reviendra plus. L'un de nos oncles, qui était de l'équipée de la veille, vient chez nous pour l'annoncer officiellement. Une fois rentré dans le camp de Kindia, des militaires l'ont séparé du reste du groupe avant de lui désigner un monticule de terre retournée qu'ils ont désigné comme la tombe de Lansana, raconte-t-il.

La famille n'a pas été autorisée à emporter le corps pour l'enterrer à notre façon. Comment notre oncle est-il mort ? Les militaires ont-ils respecté les traditions ? Le frère de maman, âgé de tout juste soixante ans, était diabétique : en prison, a-t-il seulement pu recevoir les médicaments dont il avait grand besoin ? Nous ne le saurons jamais.

Ma mère, Lucie et moi errons dans la maison, désemparées et découragées de tout. Sidiki, en juillet, a réussi à faire rapatrier sa femme et leurs fillettes en Pologne. Lui restera quelques mois, le temps de régler ses affaires et de vendre leur voiture pour acheter le billet d'avion qui lui permettra de s'en aller loin d'ici.

Mes quatorze ans ont un goût de cendres. Avec la mort de Lansana, notre pilier, une page de mon enfance est définitivement tournée.

4

Faire famille

À chaque sonnerie du téléphone, ces derniers temps, mon cœur semble manquer un battement. C'est sûrement Antoine, c'est pour moi ! J'abandonne toutes mes occupations pour me précipiter jusqu'au combiné fixé dans le salon. S'arrêter un instant avant de décrocher, vite se reprendre, cacher son essoufflement. Je souris de tout mon visage – je suis sûre que cela s'entend.

Mes études, depuis des années, m'ont plus intéressée que tout le reste. Au lycée, je suis restée sur ma lancée : cours, entraînements sportifs, matchs de foot. En dehors de ces activités, je ne suis pas beaucoup sortie. J'évite à présent les visites chez les gens, ce sont plutôt les autres qui viennent à moi s'ils souhaitent me parler. Quelque chose s'est cassé, qui a freiné mon élan. C'est presque invisible, mais c'est là, une sorte de gravité qui jusqu'alors n'existait pas.

J'ai redoublé mon bac en 1988 à Kouroussa, en Haute-Guinée, où vit mon père depuis qu'on l'a nommé gouverneur de la région. M'éloigner de la capitale pendant un an m'a fait du bien, même si cela impliquait de laisser le football derrière moi. J'ai adoré ces années de fièvre et de bouillonnement, cet appétit de se dépasser, de gagner, qui nous tenait au ventre tout le temps. Mais il faut bien avancer ; l'équipe féminine de Conakry tourne sans moi désormais.

Après cette année scolaire, c'est dans un autre état d'esprit que je retrouve cette ville dans laquelle j'ai grandi, la maison de ma mère sur la corniche, la proximité de l'océan. J'ai rejoint les rangs des nombreux étudiants, en chemise et pantalon kaki uniformes, de l'université de Donka. J'y apprends les rudiments de l'économie et de la finance, ai déjà commencé à penser au travail que je pourrais trouver d'ici quelques années, comme comptable peut-être, ou fonctionnaire. Je dois aussi m'occuper de maman, dont la santé est en dents de scie – je suis moins insouciante, forcément.

J'ai bientôt dix-neuf ans ; les garçons de mon âge, je ne les regarde pas tellement. Sapeurs, noceurs, beaux parleurs : des poules qui se prennent pour des autruches ! Ils se ressemblent tous. Antoine, heureusement, n'est pas comme ça. C'est Marguerite, l'une des filles d'oncle Lansana, qui lui a parlé de moi. Il est forestier, d'ethnie guerzé lui aussi, mais vit en France depuis longtemps, dans une ville de la banlieue de Paris qui porte le nom de Roissy-en-Brie. Marguerite le connaît pour y habiter aussi.

Son nom, Antoine Fassou Pogba, sonne comme une musique douce à mon oreille. Sur lui, je veux tout savoir ; auprès de ma cousine, de ceux qui l'ont côtoyé, je glane tous les éléments que je peux récolter.

Il est bien plus âgé que moi, la cinquantaine passée, mais cela ne m'effraie pas. Pour moi, c'est un gage de maturité, de sécurité. Il est chrétien, a déjà été marié, mais n'a pas eu d'enfants ; l'une de ses sœurs lui a confié une petite fille, qui vit avec lui depuis ses trois ans. Il a travaillé un moment pour le ministère des Télécommunications guinéen ; aujourd'hui Antoine est professeur d'électronique dans un lycée technique de Combs-la-Ville, une petite commune paisible de la Seine-et-Marne. Il est guinéen et français, possède les deux nationalités. C'est un homme sage et cultivé, comme moi féru de ballon rond depuis ses plus jeunes années. Il est supporter du Syli national, évidemment, qui porte haut les couleurs de notre drapeau. En France, m'explique-t-il, il a contribué à créer un petit club de football, l'Africa Star de Paris, dans lequel évoluent des Guinéens de toute la région parisienne.

Voilà quelques mois que nous nous appelons tous les soirs pour discuter pendant des heures, usant quantité de cartes téléphoniques. J'aime le son de sa voix, sa façon de s'exprimer. C'est un homme de caractère, un gros bosseur, qui n'est pas tout le temps dehors à ne rien faire. Il a grandi dans une famille polygame lui aussi, a souffert des maltraitances de la nouvelle femme de son père. C'est un peu à l'aventure qu'il est venu en France, lui qui n'apprécie pas tellement la vie à l'européenne.

Nous nous entendons bien, tout semble facile, sa famille et la mienne se connaissent. Un jour, au téléphone, ce que j'appelle de tous mes vœux finit par arriver : Antoine m'annonce qu'il viendra bientôt en Guinée. Il entend d'abord rendre visite à sa famille au village de Péla, dans la région de Nzérékoré, en Guinée forestière. Il y fera le sacrifice d'un bélier, gage de fertilité. Quand il sera de retour à Conakry, nous pourrons enfin nous rencontrer. Nous souhaitons tous les deux une relation sérieuse ; entre nous, même si nous ne nous sommes pas encore vus, c'est déjà un peu fait. Pour moi, c'est l'homme idéal. Je suis amoureuse, ça y est.

Antoine vient se présenter, un matin, dans la maison de ma mère. Il est reçu de façon très officielle dans la véranda ; toute ma famille maternelle est là. Je porte ma plus belle robe, quelques bijoux, j'ai maquillé mes paupières. Il est vêtu à l'occidentale, et son aspect me plaît. Ma mère, qui a préparé de bons plats, lui fait toutefois subir un interrogatoire en règle. Ensuite nous nous rendons ensemble chez mon père pour qu'il le jauge et donne son avis sur notre relation.

L'année 1989, celle de mes dix-neuf ans, est aussi celle de notre mariage civil, en petit comité, à l'ambassade de France de Conakry ; ne sont présents que nos témoins – l'une des filles d'oncle Lansana, ma cousine Catherine, et Fassou Claude, l'un des cousins d'Antoine – ainsi que quelques parents qui nous couvrent de bénédictions. Un repas est organisé chez ma mère. La fête, les cérémonies, nous les remettons à plus tard ; Antoine doit rentrer à Paris. Je le retrouverai après, dès que possible, quand le dossier de regroupement familial que nous venons de déposer aura avancé.

Peu après son départ, mon ventre commence à grossir à vue d'œil – il est si gros qu'on le croirait prêt à exploser ! Mes pieds enflés me torturent. À l'échographie, on m'annonce que je n'attends pas un mais deux bébés ; de nombreuses femmes du quartier l'avaient déjà deviné. Dans nos deux familles, il y a beaucoup de jumeaux : du côté de ma mère, mon grand-père en a eu par deux fois ; Antoine en compte lui aussi une paire parmi ses frères.

La veille de mes vingt ans, le 19 août 1990, j'accouche en fin d'après-midi, sans complications particulières, dans l'une des maternités de Conakry. Antoine, resté à Roissy, est aussitôt prévenu par téléphone. À la place de la fille que je souhaitais, j'ai reçu deux beaux garçons ! L'un portera le nom de Florentin Péïlé, en hommage au père de mon mari, ainsi qu'à l'un de ses amis. L'autre s'appellera Mathias Fassou, comme mon propre père.

Comme le veut la coutume musulmane, une fête est organisée sept jours après la naissance des nouveau-nés. Famille et amis se pressent à la maison pour les rencontrer. Puisqu'ils sont jumeaux, deux moutons sont tués ; deux imams viennent chez nous réciter des versets du Coran, murmurer le nom des enfants à leur oreille, les bénir. Les visiteurs m'offrent des savons de lessive pour laver leurs habits, des pagnes pour me vêtir ou les porter au dos, de l'argent pour leur acheter du lait. La maison ne désemplit jamais.

Mes tantes se relaient pour m'aider à m'occuper des bébés ; elles sont un soutien précieux sur lequel je peux compter. Je suis très proche de Fatoumata, l'une des petites sœurs de maman, qui a elle-même un frère jumeau.

Dans le salon, la sonnerie du téléphone retentit. C'est Antoine, à n'en pas douter, qui vient prendre des nouvelles des petits ! Je fonds sur le combiné, enjouée, le cœur léger : bientôt je le rejoindrai à Paris.

5

Roissy-en-Brie

France, 1991

Un froid terrible me saisit dès la descente de l'avion. Je serre contre moi Mathias et Florentin, qui ont fêté leur premier anniversaire quelques mois auparavant. Tandis que les jumeaux dormaient profondément, dans ce vol qui nous éloignait de Conakry, j'ai pensé à ma mère, quittée difficilement. Bien sûr, il y a Paris, Antoine, la nouvelle vie qui s'annonce avec lui. Nous allons enfin voir de nos yeux la tour Eiffel, Notre-Dame, toutes ces choses que je ne connais pour l'instant que par l'intermédiaire frustrant d'un écran de télévision. Bien sûr, je suis heureuse de venir. Bien sûr, c'est mieux pour les petits.

Mais une légère ombre persiste autour de cette joie. Nous voilà tous éparpillés : je m'en vais vivre en France, Lucie et Sidiki se sont établis aux États-Unis. Lansana est resté à Conakry, où il a fondé sa famille ; maman vit toute seule désormais.

Antoine est venu nous chercher en voiture à l'aéroport de Paris-Charles-de-Gaulle. Il découvre et prend dans ses bras, fou de bonheur, ses enfants qu'il voit pour la première fois. La commune dans laquelle nous allons vivre tous les quatre ne se trouve qu'à une demi-heure de route de là. Mitry-Mory, Villeparisis, Le Pin, Saint-Thibault-des-Vignes, Croissy-Beaubourg, Émerainville, Pontault-Combault : je m'imprègne de tous les noms des villes que nous traversons, des scènes fugaces que j'entrevois de cette banlieue parisienne qui défile par ma fenêtre. L'automne est bien installé, l'air humide et glacé.

Antoine ne tarde pas à se garer en bas d'un petit immeuble peint de jaune clair, au numéro 2 de la rue des Aulnes. Notre appartement est au quatrième étage, le dernier. Je le traverse de long en large avec ravissement, un bébé dans chaque bras : il est vaste et tranquille, baigné de lumière naturelle, et possède un petit balcon. Deux chambres, réparties autour d'un salon : une pour Antoine et moi, l'autre que se partageront les jumeaux et la fille adoptive d'Antoine, qui va sur ses quinze ans. Nous devrions être bien ici, vraiment.

Les jours et les mois suivants, je vais de surprise en surprise, épatée par le calme ambiant, le bon état des routes, les distributeurs de billets au coin de la rue. À Conakry, pour sortir de l'argent, il faut patienter au guichet de la banque, parfois longtemps. Je m'habitue progressivement au climat, mais pas aux portes fermées des gens. Le comportement des Français me déçoit, je ne le comprends pas vraiment. Dans la rue, personne ne me salue ni ne se propose de m'aider quand je suis chargée, tout le monde est occupé à ses affaires et aux siennes seulement. La solitude, parfois, me broie le cœur comme une noix.

À force de sillonner le quartier, les enfants avec moi, je rencontre bientôt d'autres femmes du coin, de toutes les nationalités. Très vite, elles deviennent des amies, de solides appuis. J'ai le sentiment d'être moins seule déjà. Le week-end, nous allons nous balader à Paris en famille, Antoine, les jumeaux et moi. Nous faisons les boutiques, commandons un kebab ici ou là. Petit à petit, je prends mes marques, l'horizon s'éclaircit.

Un matin d'été, en juin 1992, un peu plus de six mois après mon arrivée, je constate qu'un léger changement s'opère en moi. Je téléphone à ma mère, en Guinée, pour lui annoncer la bonne nouvelle : la famille est sur le point de s'agrandir à nouveau ! Cette fois, la taille de mon ventre est plus raisonnable, mes pieds moins douloureux et gonflés.

Le 15 mars 1993, j'accouche en France, à l'hôpital de Lagny-sur-Marne, d'un petit garçon. Antoine décide de le baptiser sous le nom de Paul Labile, en hommage à son beau-frère. À peine plus de trois kilos à la pesée, une cinquantaine de centimètres. Un petit être dont la présence me comble, et pour lequel je rêve tout bas d'un destin extraordinaire.

*

Bien sûr, il y a des hauts, des bas. L'hospitalisation d'Antoine, pour une embolie pulmonaire, nous force à nous réorganiser, trouver des solutions. Chaque matin, je dépose les jumeaux à la crèche, Paul chez la nounou, et file retrouver mon mari à l'hôpital de la Pitié-Salpêtrière. Il a fallu l'opérer du cœur – un caillot de sang bloquait une artère. Il est très affaibli, reste alité des semaines durant.

En attendant son retour, je m'en sors comme je peux. Quand c'est nécessaire, une amie du quartier, une Comorienne, va chercher Mathias et Florentin à la sortie de la crèche. Financièrement, c'est un peu juste, nous nous en sortons grâce aux allocations qu'Antoine reçoit chaque mois sur son compte bancaire.

Et puis se dessine enfin une perspective propre à m'enchanter : Moussokoro, ma mère, sera ici bientôt. Je n'ai jamais abandonné cette idée, mes efforts ont fini par payer ; elle sera soignée en France et vivra avec nous à l'appartement, verra ses petits-enfants, nous serons réunis enfin. Trois ans déjà ont passé depuis notre arrivée en France, et elle me manque énormément.

Elle arrive à la fin de l'année 1994, Antoine et moi allons l'attendre à sa sortie de l'avion. Je m'exprime peu, mais suis très émue ; elle me connaît, elle sait. Elle porte sur elle, sur le moindre de ses habits, le parfum de notre pays. J'ai préparé sa chambre dans le salon, avec beaucoup de soin. S'occuper de ses parents, dans notre culture, est une obligation. Antoine le comprend très bien, évidemment, c'est la raison pour laquelle il n'a émis aucune objection. Il faut le faire, c'est ainsi ; nos parents nous veillent et nous les veillons à notre tour au seuil de la vieillesse, quoi de plus naturel ?

Mais notre appartement, finalement, n'est pas si grand. La fille d'Antoine, qui partage déjà sa chambre avec les garçons, voit d'un mauvais œil cette nouvelle intrusion. Quelques mois après l'arrivée de ma mère à Roissy, les conflits avec mon mari se multiplient. Il ne supporte pas sa présence, qui vient bousculer l'équilibre familial. La situation, semaine après semaine, va en se dégradant. Antoine lui manque de respect et me reproche de plus en plus souvent de ne pas travailler, pour la nourrir ainsi que les enfants.

« Il faut qu'elle parte, maintenant, répète-t-il en boucle. Ta sœur et tes frères peuvent s'en occuper à leur tour. Je veux qu'elle arrête de grignoter mon argent. »

Les courses alimentaires, tant qu'elle sera là, il ne veut plus les payer. Son salaire désormais ne profitera plus qu'à sa fille et à lui ; pour nous, décide-t-il, c'est fini. Qu'on s'arrange entre nous, comme nous pouvons : ce n'est plus son problème, ça ne l'intéresse pas. Nous nous disputons en permanence.

Je dois tenir, je le sais, faire comme si de rien n'était, autant que possible, devant ma mère et les garçons. Ils n'y sont pour rien et doivent pâtir le moins possible de cette situation. Depuis la Guinée, des membres de notre famille nous envoient parfois un peu d'argent pour nous aider. Malgré cela, en dépit de toute l'énergie que je déploie, nous avons faim tout le temps.

Antoine et moi devenons progressivement des étrangers condamnés à vivre sous le même toit. J'ai quitté la chambre conjugale pour trouver refuge dans celle des enfants ; lui et moi finissons par ne plus nous parler du tout. Sa fille et lui prennent leurs repas dans le salon, tous les deux, devant nous dont les ventres sont affamés et creux. Ils ne nous jettent pas un regard – nous n'existons plus pour eux.

Antoine, un jour, refuse de donner une frite à Paul, son petit garçon, qui se met à pleurer de convoitise et de frustration. Au commissariat, je dépose des mains courantes qui ne changent rien du tout ; pour calmer la faim, j'en suis parfois réduite à mendier de la nourriture aux voisins. Le choix n'est pas simple, mais cette fois c'en est trop : les tensions sont devenues insupportables, je dois nous sortir de là.

J'ai vingt-cinq ans, trois enfants, pas de boulot, aucun vrai moyen de subsister. Antoine pense que je suis coincée, que je vais bien finir par céder, que je n'oserai pas divorcer.

Il se trompe, et je vais le lui prouver.

6

La Renardière

En franchissant pour la première fois le seuil de ce petit appartement aux murs plus gris que blancs, je suis submergée de sentiments contrastés. Comment la tristesse et la joie peuvent-elles se confondre à ce point-là ? Précédée par l'assistante sociale que je consulte en cachette depuis des mois, j'avance de quelques pas et découvre les lieux, balayant des yeux le sol de lino écorché et les meubles en plaqué d'une minuscule cuisine équipée.

Situé au rez-de-chaussée d'un grand ensemble terne d'une quinzaine d'étages, au cœur d'une petite cité de Roissy qu'on appelle la Renardière, ce deux-pièces mal éclairé du bâtiment 14 sert de centre d'hébergement pour des mères en difficulté. Mon accompagnatrice patiente quelques minutes, le temps que j'en fasse le tour, puis éteint le plafonnier et me tend les clefs en souriant.

« Vous pouvez vous y installer quand vous voulez. Ça va aller ? »

J'opine du chef sans dire un mot, la gorge serrée. C'est maintenant, nous y sommes. Ce projet secret, je n'en ai jamais dit un mot à personne, de peur qu'il échoue. Nous allons nous enfuir, les garçons et moi. Laisser derrière nous la cruelle indifférence d'Antoine, commencer une autre vie. Sauf que, dans celle-ci, je n'ai pas le droit de prendre ma mère avec moi. La règle est la même pour tout le monde et ne tolère pas d'exception : ne peuvent habiter ce F2 qu'une femme seule et ses enfants – personne d'autre n'y est admis. Le logement n'est laissé à notre disposition qu'à cette condition.

L'après-midi même, pendant qu'Antoine est au lycée et les petits à la maternelle, je retourne avec maman dans l'appartement. Je veux absolument qu'elle puisse le voir en premier, c'est impensable autrement. Je lui montre la future chambre de Florentin, Mathias et Paul, avec ses deux lits superposés. Le petit en haut, les deux grands en bas. Je dormirai quant à moi dans le salon, dans un canapé qui se plie et se déplie dans un craquement métallique. Les murs de la pièce principale sont presque nus, décorés seulement d'un calendrier de l'année 1996 et d'un poster imprimé de fleurs très colorées.

« Regarde ça, mama ! On sera bien, ici, tu ne crois pas ? Il va falloir que tu t'en ailles quelques mois, le temps que je trouve autre chose, un endroit plus grand. C'est seulement temporaire, ne t'en fais pas. Je vais faire de mon mieux, ça ne durera pas longtemps. Dès que ce sera possible, tu reviendras vivre avec nous. »

Ma mère, qui comprend tout, ne dit rien. Elle part le surlendemain pour la Hollande, par le train, chez une petite-cousine qui vit à Amsterdam. J'essaie de rester optimiste, mais c'est un déchirement. J'ai l'impression de régresser, de ne pas y arriver. C'est donc cela, le déclassement ? Nous vivons moins bien en France que j'ai vécu, petite, en Guinée ; aucun des rêves que j'avais ne s'est réalisé.

Mais très vite il faut écarter cette pensée : il y a fort à faire, les bagages des enfants à préparer. Tandis que mon mari est au travail, j'entasse quelques affaires dans des sacs, nos habits seulement. Comme nous ne possédons pas grand-chose, c'est rapidement prêt. Qu'Antoine garde tout ce qui est matériel ! Je me débrouillerai, comme je l'ai toujours fait.

Tant que j'ai mes fils avec moi, ça ira.

Voilà, c'est fini. Je dépose les clefs sur le guéridon de l'entrée et claque derrière moi la porte de cet appartement de la rue des Aulnes dans lequel nous avons vécu un peu plus de quatre ans. Comment Antoine réagira-t-il, quand il s'apercevra que nous ne sommes plus là ? Sera-t-il soulagé comme je le suis, ou plein de colère ? L'appréhension ronge mon estomac comme un poison. Nous ne pouvions de toute façon plus continuer comme ça. J'inspire un grand coup, soulève les sacs et m'éloigne d'un pas décidé sans me retourner une seule fois. À la sortie de l'école, tout à l'heure, les enfants découvriront leur nouvelle habitation. Dans cet endroit-là, enfin, nous serons vraiment chez nous.

*

« Allez, les garçons, debout ! On se réveille, il y a école aujourd'hui ! »

Sans attendre de réponse, je me dirige vers la fenêtre et cherche à tâtons dans la pénombre la manivelle du volet mécanique. À mesure que je tourne la poignée de plastique beige, les rayons d'un soleil fragile se fraient un chemin dans la chambre jusqu'au lit à deux étages.

« Encore cinq minutes, maman, s'il te plaît… »

Les jumeaux grommellent et rabattent un pan de la couette sur leurs yeux pour se protéger de la lumière du jour. Au niveau supérieur, mon petit Paul, transpirant et souriant, semble déjà bien éveillé. Il se débat avec ses draps, ornés de raquettes de tennis flanquées de minuscules balles jaunes – ce sont ses frères qui ont choisi dans le magasin.

« Bonjour, mon bébé. Tu as bien dormi ? »

Il me tend les bras et je serre contre moi un moment son petit corps brûlant, tout gorgé du sommeil de la nuit. Je profite de ce calme qui ne durera pas longtemps : d'ici quelques minutes, il faudra s'arracher à l'étreinte de mon cadet, les habiller pour la journée, lui et ses frères, préparer le petit-déjeuner – pétales de céréales chocolatés baignés de lait, tartines de beurre couvertes de poudre de cacao –, superviser le brossage de dents, vérifier que les cartables sont faits, que rien ne va manquer.

L'école Pommier-Picard est juste à côté de chez nous, à peine quelques minutes à pied. Paul est inscrit en petite section de maternelle ; il a eu trois ans au printemps. Les jumeaux en ont déjà six et viennent d'entrer à l'école primaire, en CP. Nous nous y rendons chaque matin pour huit heures ; nous marchons en nous donnant la main, guirlande joyeuse et mouvante qui occupe presque tout l'espace du trottoir.

Je les dépose au portillon vert, où les maîtresses les saluent avec bonne humeur. Mathias et Florentin sont vêtus, comme souvent, d'habits identiques – même à moi, il arrive de les confondre parfois ! Les jumeaux se dirigent droit vers leurs copains, tandis que Paul commence à chouiner en traînant les pieds : il aimerait bien faire comme ses frères, mais ne s'est pas encore habitué à passer autant de temps sans moi.

« À ce soir, mon chéri. Sois sage. »

Je fais un signe de la main au plus petit, pétrifié derrière la grille de l'école, le regard humide. Rompue à l'exercice, une institutrice entreprend de faire diversion en cherchant à l'entraîner vers la classe ; c'est le moment que je choisis pour disparaître rapidement, après m'être assurée que tout allait bien pour chacun.

Depuis quelques mois, j'ai trouvé un emploi, le premier de ma vie. J'ai vingt-six ans et me voilà caissière dans une supérette du 11e arrondissement de Paris, près de la station de métro Saint-Ambroise. En général, je prends mon service à quatorze heures – pour s'y rendre, depuis Roissy-en-Brie, il faut compter deux bonnes heures de trajet. Je commence déjà à connaître par cœur les nombreuses stations qui jalonnent la route du RER E, puis du RER A, du métro enfin. Au retour, parfois, je suis tellement vidée qu'il m'arrive de m'assoupir quelques minutes, la tête appuyée contre une fenêtre à la propreté douteuse, bercée par le roulis du train aux portes rouge et bleu.

J'ai trouvé ce job – un CDD de vingt heures par semaine seulement ; la paie est très maigre, forcément – grâce à une petite annonce de l'ANPE, l'Agence nationale pour l'emploi[1]. Ce n'est pas exactement ce que

1. Pôle emploi aujourd'hui.

j'avais imaginé, bien sûr, mais on m'a toujours répété qu'il n'y avait pas de sot métier ; et puis il faut bien commencer quelque part, de toute façon je n'ai pas le choix.

Le magasin n'est pas très grand, surtout fréquenté par les gens du quartier. C'est plus chic que ma banlieue, assez jeune, assez blanc. J'enfile ma blouse en arrivant, bleu layette avec un col carré. En tout, nous sommes une petite dizaine de salariés, des femmes essentiellement. En dehors d'une caissière algérienne, qui passe son temps à me donner des ordres et avec qui je me chamaille régulièrement, je m'entends assez bien avec l'ensemble de l'équipe. Nous échangeons quelques mots, des nouvelles de nos enfants, parfois une part de gâteau ; nous sommes toutes, après tout, dans le même bateau.

J'apprends à me familiariser avec les produits qu'il faut ranger dans les rayons chaque fois que nous avons un moment, avec les caprices des clients. Certains nous saluent gentiment, quand d'autres ne daignent même pas nous jeter un regard : nous n'existons manifestement pas pour eux. Il faut faire vite, pour réduire l'attente au maximum, sans jamais se tromper. Les articles défilent sur le tapis roulant, il y en a par centaines, par milliers. Leur flot se tarit parfois, sans s'interrompre jamais. Derrière ma caisse, perchée sur un haut tabouret, je me livre sans réfléchir à cette chorégraphie de gestes sans cesse répétés. *À force, les poignets s'usent*, constatent en grimaçant mes collègues, qui exercent ce métier depuis plusieurs années. Les miens tiennent bon, pour le moment. Je suis efficace et discrète, employée sans histoires glissant rapidement sur le carrelage crème des allées éclairées de néons blafards. Il y a de la musique tout le temps – elle me gênait au début, désormais je ne l'entends même plus.

Pendant les pauses, j'ôte rapidement mon uniforme et sors me promener dans les rues animées. J'étudie les vitrines, compare les modèles et les prix chez les grossistes asiatiques du coin. D'invisibles frontières sont à traverser pour rejoindre, depuis les faubourgs populaires, les secteurs plus aisés. Au départ, je préfère ne pas trop m'éloigner du magasin ; au fur et à mesure, je m'aventure de plus en plus loin. C'est un coup d'œil à ma montre, soudain, qui me fait rebrousser chemin.

Le temps de rentrer chez moi, ma journée de travail terminée, il est vingt-deux heures déjà. La nuit noire est depuis longtemps tombée. Heureusement que je peux compter sur l'une de mes voisines du rez-de-chaussée, Amaria, pour aller chercher les enfants après l'étude. C'est une Algérienne d'une petite vingtaine d'années, douce et chaleureuse, à qui j'ai confié sans inquiétude aucune le double de mes clefs. En attendant mon retour le soir, elle aide les garçons à faire leurs devoirs, leur prépare à manger, puis se prête de bonne grâce à leurs jeux. Je prends le relais pour les coucher – entre nous s'est instaurée une routine pratique à la mécanique bien huilée.

J'ai peu de rapports avec Antoine, avec qui je tiens quand même à maintenir un semblant de lien pour le bien de nos fils. Notre départ ne semble pas l'avoir tellement affecté, finalement. Il voit les garçons de temps en temps ; en dehors de cela, il ne faut rien lui demander. Qu'importe : je suis heureuse et soulagée de mon indépendance retrouvée. Rien n'est facile, c'est certain, mais je n'ai plus de comptes à rendre du moins.

Chaque fois qu'ils le peuvent, Lansana et ma mère nous envoient un peu d'argent pour nourrir les enfants. De petites sommes en provenance de Guinée que je vais chercher, munie du code correspondant, dans l'une de ces agences jaune et noir qui servent de trait d'union financier entre l'Afrique et l'Occident. Il faut patienter, remplir des tas de papiers pour débloquer les fonds. Sidiki, qui vit désormais avec sa famille aux États-Unis, m'aide beaucoup lui aussi. Lucie, depuis peu, est là-bas aussi.

Maman ne sera pas restée en Hollande très longtemps ; après quelques semaines à peine, elle a choisi de rentrer chez elle, dans sa maison de Conakry. Je me rends à la cabine téléphonique tous les deux ou trois jours pour l'appeler, m'enquérir de sa santé. Les cartes prépayées sont très chères, il faut se limiter à quelques minutes, mais rien ne sait mieux me réconforter que le timbre de sa voix.

L'autre solution, pour correspondre avec ma famille et mes amis, c'est le courrier. J'écris petits mots et courtes lettres en français, que je confie à des Guinéens de ma connaissance chaque fois qu'ils s'apprêtent à prendre l'avion pour rentrer au pays. Ils s'occupent de les distribuer à qui de droit et rentrent le plus souvent avec une poignée de réponses accompagnées de menus présents. C'est l'école de la patience : les nouvelles des uns et des autres ne me parviennent qu'au compte-gouttes, irrégulièrement.

Un matin de septembre 1996, la sonnerie du téléphone fixe vient me cueillir dans le salon. Florentin, Mathias et Paul sont à l'école ; devant un petit miroir piqué, je termine de me préparer avant de filer au travail.

« Allô ? »

Au bout du combiné, seul un souffle me parvient, soupir lointain ponctué de grésillements. Je patiente quelques secondes, pressée, prête à raccrocher, quand Sidiki lâche en malinké :

« *Mama bara fa…* »

La surprise est telle, si grande l'émotion, que je manque de tomber. Un voile noir trouble ma vue. Maman, que je n'arrivais pas à joindre dernièrement, est brutalement décédée.

Les mots de mon frère aîné, chargé de me l'annoncer, résonnent en moi comme un écho lugubre et entêtant : *mama bara fa, mama bara fa…*

Notre mère a été hospitalisée plusieurs jours, poursuit Sidiki ; jusqu'à la fin, elle aura été très entourée. Elle reposera à Conakry, à l'ombre des grands fromagers du carré musulman du vieux cimetière de Cameroun-cité. Tout est déjà décidé.

Les jours suivants sont envahis de flou. Je suis dévastée par la tristesse, pleure fort et beaucoup. Je me sens seule, désemparée, si loin des miens. Maman devait revenir en France, vivre à nos côtés. Elle aurait été bien, nous l'aurions gâtée. Ce n'est pas ainsi que les choses devaient se passer. J'essaie de garder pied pour les petits – qui me regardent avec de grands yeux et se relèvent, à peine couchés, pour venir me consoler. Leurs si petites mains s'agrippent à mes vêtements, s'accrochent à moi comme pour me rattraper, m'éviter de sombrer. Alors j'essuie mes larmes comme je peux et je leur souris, avant de les renvoyer au lit.

Je n'ai pas assez d'argent pour me rendre immédiatement en Guinée, comme je l'aurais pourtant souhaité – un cousin, qui vit en France, m'achète un billet d'avion afin que je puisse assister à la cérémonie du quarantième jour du décès de ma mère. Une journée d'hommages et de prières, au domicile du défunt, au cours de laquelle affluent proches, connaissances et voisins. La famille sert aux visiteurs de quoi se sustenter, pendant que des imams lisent des versets. Il est très important d'y participer.

Je m'organise pour que les enfants puissent être gardés deux semaines environ, que tout se passe bien le temps de mon absence, et rentre pour la première fois au pays depuis que j'en suis partie, cinq ans auparavant.

Mon frère Lansana vient m'attendre à l'aéroport ; pendant mon séjour, je vais habiter chez lui, quartier Dixi. Sidiki et Lucie sont bloqués aux États-Unis : comme ils n'ont pas de papiers, il leur est impossible de quitter le territoire sous peine de ne plus pouvoir y retourner ensuite. Je retrouve mes tantes, ma famille, et ces nombreux amis qui m'ont tant manqué. Personne n'ignore les étapes difficiles par lesquelles je suis passée au cours des dernières années ; je lis de la compassion dans leurs regards et en suis très touchée. Leurs témoignages de soutien, les souvenirs qu'ils égrènent me font du bien.

Au quarantième jour, une centaine de personnes se pressent autour de nous ; certains des anciens élèves de notre mère sont venus, parfois de loin, pour l'accompagner de leurs bénédictions. Il y a du monde partout, têtes connues ou jamais vues. J'ai beau être présente, là, à accueillir les gens et à faire tous les gestes attendus et nécessaires, je me sens comme absente, en dehors de moi.

À la même période, alors que je me trouve encore à Conakry, la famille est frappée par un second deuil. Celui d'un cousin, François Sidiki Beavogui, l'un des fils de mon oncle Lansana. Il nous faut accepter, affronter tous ces bouleversements. Apprendre à faire sans, à faire autrement. La religion est un baume ; mais tous les événements de la vie, longtemps, me paraîtront difficiles et pesants.

Dans ce brouillard à couper au couteau, une décision s'impose toutefois : c'est à moi qu'il revient de m'occuper de Marie-Yvette et Moussokoro. Respectivement âgées de dix et quatorze ans, mes deux petites nièces – l'une est la fille de mon frère Lansana, il s'est séparé de sa mère, qui ne peut pas s'en occuper ; l'autre, celle de ma sœur Lucie, qui vit sans papiers aux États-Unis – habitaient avec ma mère depuis son retour au pays.

J'entreprends les démarches pour les faire venir de Guinée, et aussi pour les adopter : elles seront mes filles désormais, de grandes sœurs pour mes trois petits garçons. Elles ne parlent pas un mot de français, seulement malinké, mais à leur âge on peut s'adapter. Je les veux avec moi ; nous vivrons tous les six ensemble dans l'appartement, ça ira. On se serrera. Florentin, Mathias et Paul, qui me cassent les oreilles en répétant *pas de filles à la maison !*, vont très vite s'habituer à leur présence et ne pourront plus s'en passer, je le sais. De toute façon, c'est décidé, bon gré mal gré. La famille, les liens du sang, je ne connais rien de plus important.

7

Fourmis noires

Les phares de la camionnette blanche caressent les murs de la résidence. À cette heure-là, on ne klaxonne pas : il est un peu moins de cinq heures du matin, la plupart des voisins dorment à poings fermés. Derrière les rangées de fenêtres identiques, aucune lumière n'est allumée. J'avance jusqu'à la portière arrière et me laisse engloutir par l'utilitaire, plein à ras bord de matériel, qui s'évanouit dans la nuit comme une ombre. Mon amie et collègue, Marie Sylla, guinéenne comme moi, a pris ses quartiers à l'avant – à côté de la patronne, madame Ducret, qui tient le volant.

Nous faisons l'économie de trop de mots échangés ; cela viendra un peu plus tard, quand nous serons mieux réveillées. À la radio se succèdent déjà les tubes qui nous feront danser cet été. Je masse mes paupières pour les défroisser, en chasser les vestiges de sommeil, tandis que Marie fait couler précautionneusement quelques centimètres de liquide noir dans la tasse de plastique dur qui couvre le sommet de son thermos de café.

Après avoir avalé quelques kilomètres, le véhicule vient se garer sur un parking désert de Ponteau. Tête levée dans l'air glacé du petit matin, je contemple en silence les immeubles de bureaux plongés dans une semi-obscurité, presque nostalgique soudain de mon emploi de caissière à Paris.

Mon CDD d'un an n'a pas été renouvelé, à cause de mes absences répétées pour m'occuper des enfants. Antoine m'a trop souvent fait faux bond au tout dernier moment, sans la moindre explication, alors que nous avions pourtant prévu de longue date qu'il viendrait les chercher. De guerre lasse, j'étais bien obligée d'appeler le magasin pour prévenir que je n'avais trouvé personne pour les garder et m'excuser : impossible de laisser seuls les petits…

C'est grâce à Marie – je la connais depuis pas mal de temps, elle a le même âge que moi, une petite trentaine d'années à peine – que j'ai pu être embauchée. Elle a bien voulu me recommander auprès de la dirigeante de cette petite société de nettoyage, dont nous sommes, mon amie et moi, les seules salariées.

Nous nous dirigeons d'un seul pas toutes les trois vers la porte d'entrée d'un immeuble, chargées de balais, de serpillières et d'un antique aspirateur. Madame Ducret ouvre la marche, déverrouille les accès et presse les interrupteurs pour éclairer ces immenses espaces qu'elle connaît par cœur. D'abord récurer les toilettes, faire briller la faïence, essuyer miroirs et robinets. Une fois que c'est fait, remonter les allées moquettées de la grande salle, en vérifiant près de chaque bureau que la corbeille à papiers a bien été vidée. Un coup de brosse à passer, les sacs-poubelle à changer. Ouvrir quelques fenêtres, pour aérer. Rongés par l'eau de Javel et les produits chimiques qu'il faut utiliser, nos gants de latex sont très vite percés. Au bout de nos doigts, la peau pèle et se craquelle. Nous avons des ampoules, des courbatures, mal aux épaules et aux bras.

« C'est le métier qui rentre, plaisante la patronne, il ne faut pas trop s'écouter. »

Se plaindre ne sert à rien ; il faut se concentrer pour tenir le rythme – quatre heures de ménage avant l'arrivée des premiers employés, de cinq à neuf heures du matin, et quatre autres après le départ des derniers, de dix-sept à vingt et une heures. Il arrive que nous nous croisions parfois. Moulés de chemises propres et bien repassées, ils s'installent à leurs postes de travail, ouvrent des agendas ou allument des ordinateurs, l'air absorbé, pendant que nous achevons notre tâche abrutissante. Tous ne se sentent pas obligés de nous saluer. Nous faisons partie du décor, petites fourmis noires dédiées à leur confort. Bientôt nous remballons nos outils et rentrons, visages froissés, corps douloureux à force de s'être pliés dans toutes les positions. Madame Ducret me dépose en bas de la Renardière, au même endroit qu'elle m'a trouvée ce matin.

« À ce soir, Yeo ! »

La camionnette s'éloigne rapidement. J'ouvre la porte de mon domicile du rez-de-chaussée et me dirige à pas lents vers le canapé, dans lequel je m'effondre instantanément, sans même songer à le déployer.

Au bout d'un an à ce régime, mon dos me fait tant souffrir que j'aime mieux abandonner ce poste au profit d'autres petits boulots. Je retrouve du travail dans un hôtel bas de gamme de Ponteau, en manque chronique de personnel. Je passe de femme de ménage à femme de chambre : les postes les moins nobles et les plus ingrats, décidément, semblent avant tout destinés aux jeunes femmes d'origine étrangère. Le salaire n'est pas fixe ; nous sommes payées en fonction du nombre de pièces que nous parvenons à nettoyer.

« Du nerf ! s'égosille la gouvernante chargée de nous superviser et de vérifier que nos missions sont bien exécutées. Il faut se dépêcher, on ne vous payera pas à ne rien faire ! »

Chacune d'entre nous doit avoir retapé dix chambres en une heure – entre le moment où nous ouvrons une porte et celui où nous la refermons derrière nous, six minutes doivent s'écouler au maximum. Six minutes pour changer les draps, aspirer les saletés sur le sol, faire briller la salle de bains en traquant férocement le moindre cheveu, le moindre poil oublié dans un coin. Qu'allons-nous donc trouver, en tirant la prochaine poignée ?

Un espace à peine dérangé, ou totalement dévasté ?

Les week-ends concentrent l'essentiel de notre activité. Notre progéniture nous attend, le plus souvent ; nous ne parlons pas beaucoup, pressées de rentrer chez nous. Moi qui n'ai pas mon permis de conduire, je suis dépendante des liaisons d'autobus entre Ponteau et Roissy. Au retour, le dimanche, je n'en trouve pas toujours. Alors, résignée, j'entame une longue marche forcée : un trajet d'un peu plus de deux heures, à pas chancelants et par tous les temps. Au bout, il y a mes enfants.

8

Championne

Ce matin, en ouvrant la boîte aux lettres, j'ai trouvé deux courriers. La confirmation que notre divorce, avec Antoine, était bien enregistré ; ma demande de naturalisation, enfin acceptée. Cette double nationalité franco-guinéenne va enfin me permettre de passer les concours nécessaires pour travailler dans la fonction publique. L'obtenir aura finalement été plus long que véritablement compliqué. Et puis, surtout, me voici redevenue une femme libre désormais. Plus d'obligations maritales, plus de dettes qui ne m'appartiennent pas à honorer. Un sourire aux lèvres, je dépose les papiers sur la table du salon tout encombrée de jouets et savoure pleinement ces petites victoires durement arrachées.

L'année 1998 a commencé en beauté : les enfants grandissent bien ; je continue de m'échiner pour qu'ils ne manquent de rien. Du rez-de-chaussée du bâtiment 14 de la Renardière, nous avons déménagé pour un appartement un peu plus grand et mieux éclairé, au douzième étage du bâtiment 13, juste à côté.

Dans la plus vaste de ses deux chambres, que se partagent les cinq enfants, trônent deux lits superposés – Marie-Yvette et Moussokoro dorment dans le premier ; Mathias, Florentin et Paul occupent le second. Mais ça, c'est la théorie : mon fils de cinq ans s'en échappe tous les soirs, pour venir se coucher dans mon grand lit ! Les jumeaux, qui en ont déjà huit, l'appellent *bébé gâté* et se moquent gentiment de lui. Très câlin, le dernier-né de la fratrie est souvent collé à moi, guère éloigné de plus de quelques pas.

En vrais jumeaux, Florentin et Mathias se ressemblent beaucoup – physiquement déjà, mais pas uniquement. Le premier est un peu dilettante, le second plus dur et plus sérieux, mais tous deux partagent exactement les mêmes goûts. Paul, leur benjamin, est un peu turbulent et ne se prive jamais de fatiguer ses frères. Il ne les lâche jamais d'une semelle et cherche en permanence à les imiter : inutile d'essayer de lui faire faire d'autres sports que ses aînés, ni d'autres activités. Il a son petit caractère et n'aime pas être contrarié. Avec Marie-Yvette, par exemple, il se dispute sur tout. Ces deux-là sont comme chien et chat – pour plaisanter, nous les surnommons Kirikou et Karaba, en référence au fameux dessin animé.

J'élève mes enfants comme j'ai moi-même été élevée : avec douceur mais fermeté. Chacun doit se rendre utile, participer à la vie du foyer. Pour la vaisselle, nous faisons un tableau, fixé par des aimants sur la porte du frigo. Chacun son tour, chacun son jour, même si Paul fait souvent semblant d'avoir oublié le sien…

Je profite des repas pour leur apprendre à cuisiner des choses simples : des pâtes, du riz, des crêpes à faire sauter. En toutes circonstances, ainsi, ils sauront s'arranger. Sur l'hygiène, je ne transige pas davantage. Dans ce domaine encore, les jumeaux s'avèrent les moins compliqués. Quant à Paul, il refuse systématiquement de se laver, puis change d'avis et finit par s'enfermer dans la salle d'eau ; pour l'en faire sortir, ensuite, c'est toute une histoire !

En ce week-end de début de printemps, il commence à faire beau et même presque chaud. Florentin et Mathias, qui ont découvert le football à l'école primaire, veulent aller se défouler dehors, au pied de l'immeuble. Leurs manteaux déjà sur le dos, ils me supplient de les accompagner. J'accepte de bon cœur et nous sortons, les jumeaux courant devant et Paul sur mes talons. Marie-Yvette et Moussokoro, adolescentes, aiment mieux profiter des rares moments de calme à la maison.

L'ascenseur, comme souvent, est en panne. Nous avons l'habitude – c'est bon pour les mollets ! Je descends à mon rythme, tranquillement. Paul, impatient, file rejoindre ses frères qui ont creusé la distance avec plusieurs étages d'avance. J'entends leurs rires et chamailleries résonner dans la cage d'escalier ensoleillée. C'est bon d'être ensemble, nous avons de la chance, il faut en profiter.

En bas de la résidence, des gamins de toutes les tailles et de tous les âges se font des passes avec un ballon fatigué. Les miens se greffent spontanément à la partie, et ça prend. Je trouve une place sur un banc, juste à côté, pour les regarder jouer. Les souvenirs affleurent aussitôt : le terrain rouge, ces envies de victoires et ces rêves de gloire, nos cuisses maigres dans nos shorts râpés. Ma mélancolie se teinte d'un mal du pays que j'ai du mal à chasser. Un jour, plus tard, quand ce sera possible, j'aimerais bien faire découvrir la Guinée aux garçons. Leurs sœurs leur racontent, de temps en temps : la presqu'île de Kaloum, le poulet épicé au goût inimitable, ces routes pleines de poussière et de lumière au bord desquelles de petits marchands à la sauvette vendent un peu de tout – meubles en acajou, essence, bijoux.

Pour me faire plaisir, ou peut-être seulement parce que la plupart des parents de leurs copains sont originaires d'Afrique comme nous, les enfants déclarent souvent qu'ils sont Guinéens avant tout. En cette année 1998, je les trouve français surtout : le pays s'apprête à accueillir la Coupe du monde de football, ce qui n'est pas arrivé depuis soixante ans. Tout le monde, déjà, ne parle que de ça. Je côtoie au quotidien trois jeunes supporters de l'équipe de France : ils vivent sous mon toit ! Les Bleus rêvent d'un titre à domicile, mais c'est loin d'être gagné…

« Tu regardes, maman ? »

Le front soucieux de Paul m'arrache soudain à mes pensées.

« Bien sûr, que je vous regarde ! Vas-y, joue ! »

Le petit cherche mon regard avant de tenter une percée à toutes jambes, il donne tout. Ce n'est pas suffisant, forcément : il fait deux bonnes têtes de moins que le plus grand de ses coéquipiers, sans doute âgé d'une dizaine d'années. Je le trouve tellement touchant, plein de bonne volonté malgré son jeu de jambes encore malhabile. Il exige qu'on lui fasse des passes, quand les autres, la plupart du temps, font mine de l'ignorer.

C'est pas juste !

Le groupe vient de se dissoudre, à l'appel d'autres mamans. Au bord des larmes, tremblant de rage, Paul vient s'asseoir à côté de moi sur le banc. Il a croisé ses bras sur sa maigre poitrine et boude obstinément. Comme cela fait rire ses frères, la situation va en empirant ; la tension monte d'un cran.

« Bon, allez, les casse-pieds, on redescend. Je vais plutôt vous montrer comment on s'y prend ! »

Sûre de mon effet, je me lève et m'approche du ballon que les enfants ont abandonné sur une plate-bande. Mathias, Florentin et leur petit frère ont instantanément cessé de se houspiller pour m'observer avec des yeux mi-approbateurs, mi-étonnés.

« Qu'est-ce que vous croyiez ? Que le foot, c'était réservé aux garçons ? »

Je m'amuse beaucoup de cette surprise que je leur fais. Voilà des années que je n'ai pas eu une balle au pied ; manifestement, les réflexes reviennent vite, je suis loin d'avoir tout oublié. Mon corps est peut-être un peu rouillé, après tout ce temps passé sans jouer, mais il se souvient des gestes, des mouvements du ballon. Après quelques minutes, je relève la tête pour m'apercevoir que les jumeaux, ébahis, n'ont pas bougé d'un millimètre.

« Alors, vous venez ? »

Ils se joignent à moi, d'abord hésitants, puis virevoltants, et nous nous amusons ensemble comme ça un moment, jusqu'à ce qu'il commence à faire trop frais.

« Championne, maman ! s'écrie le plus jeune, surexcité. »

Pendant quelques heures de pur bonheur, j'apprends à mes enfants à dribbler.

*

Le chanteur Ricky Martin, roi de la pop latine, se déhanche dans un clip à la télévision. À la maison, nous apprécions tous ses titres endiablés. À force, nous connaissons presque par cœur les paroles de « La Copa de la vida », la chanson officielle de la Coupe du monde, bien qu'aucun d'entre nous ne sache parler espagnol. Debout devant le poste télé, les garçons, essoufflés, baragouinent en tentant de suivre le rythme du Portoricain au maximum – leur interprétation est toute personnelle, mais ils se débrouillent plutôt bien.

Depuis le coup d'envoi de l'événement, le 10 juin, tous les gosses du quartier vibrent à l'unisson. L'équipe de France monopolise les conversations : il n'y en a plus que pour Zinédine Zidane, Fabien Barthez et Marcel Desailly.

C'est la première fois que l'équipe nationale accède à une finale de Coupe du monde, c'est historique : premiers de leur groupe à l'issue du premier tour avec trois victoires, les Bleus ont battu le Paraguay avant d'éliminer tour à tour l'Italie et la Croatie. Jusqu'à cette finale face au Brésil qui a lieu aujourd'hui, par une belle journée du mois de juillet, devant 80 000 spectateurs déchaînés, réunis au Stade de France, à Saint-Denis.

Tout à son euphorie, un voisin a tenu à maquiller les joues de la tribu au crayon gras dans le hall de l'entrée. De gros traits maladroits bleu-blanc-rouge, façon d'encourager l'équipe et de participer à cette fête collective. Cet été, tous les problèmes du pays ont l'air de s'être enfuis – tant mieux, ça nous fait un peu de vacances. Les gens sont gais et souriants, plaisantent volontiers. Alors si, en plus, la France gagnait…

Mais l'adversaire, face à nous, est redoutable : le Brésil, qui s'est qualifié contre les Pays-Bas de Dennis Bergkamp, n'est pas venu pour blaguer ! Nous nous serrons comme des sardines, les filles et moi, sur le canapé du salon – Paul est sur mes genoux, les jumeaux assis en tailleur sur le tapis à nos pieds. « Allez, les Bleus ! » lance régulièrement l'un d'eux.

Les Français ont pris le contrôle du milieu de terrain dès le coup d'envoi. Stéphane Guivarc'h se retrouve face à Claudio Taffarel, le gardien brésilien, grâce à une offrande de Zinédine Zidane : nous retenons nos souffles, exaltés, mais le tir n'est pas cadré. Les Brésiliens n'ont pas vraiment d'occasion franche, mais se rapprochent progressivement du but de Barthez, quand les Bleus réussissent à reprendre le dessus et remettre la pression sur leur adversaire. À la 27e minute, à la suite d'un corner d'Emmanuel Petit, Zidane inscrit un premier but de la tête. Ce qui fait immédiatement piailler les enfants, qui ne lâchent pas l'écran des yeux un instant. Par les fenêtres ouvertes de l'appartement, nous parviennent aussitôt, en écho, d'autres cris de satisfaction.

L'équipe de France marque un deuxième but juste avant la mi-temps, sur un corner frappé par Youri Djorkaeff : le ballon est de nouveau repris du crâne par le numéro 10, Zinédine Zidane. C'est un doublé ! Le milieu offensif embrasse son maillot bleu avant de tomber dans les bras de ses coéquipiers sous les acclamations des supporters français.

Je profite de la pause pour me dégourdir les jambes et aller chercher dans le congélateur de la cuisine quelques-unes de ces longues glaces à l'eau que les enfants apprécient tant. Je distribue à chacun son parfum préféré, tandis que la mascotte de l'événement, un coq bleu et rouge baptisé Footix, fait le tour du terrain en faisant de grands coucous aux spectateurs.

Dès le début de la seconde période, les choses se corsent : avec l'entrée de Denilson à la mi-temps, les Brésiliens ont renforcé leur attaque, bien résolus à rattraper leur retard. De plus en plus pressants, ils accélèrent et se créent plusieurs occasions, comme cette frappe à bout portant de Ronaldo, heureusement bloquée par Fabien Barthez, le gardien de but des Bleus. Peu de temps après, à la 67e minute, le défenseur Marcel Desailly écope d'un second carton jaune qui le contraint à sortir du terrain : l'équipe brésilienne se trouve désormais en supériorité numérique. Elle multiplie les tentatives, féroce, sans parvenir à marquer.

Alors que le match est sur le point de s'achever, Emmanuel Petit inscrit à la dernière minute un troisième but pour l'équipe de France, qui devient championne du monde de football pour la première fois de son histoire ! Nous nous levons tous comme un seul homme devant l'écran de télévision, les bras au ciel, radieux, n'en croyant presque pas nos yeux.

Quel beau match ! Quelle victoire ! Quelle grâce !

Le stade est en délire, des fans émus aux larmes.

« Je crois qu'après avoir vu ça, on peut mourir tranquille. Enfin, le plus tard possible, mais on peut. Ah c'est super. Quel pied, ah quel pied ! » s'exclame le commentateur, Thierry Roland, juste après le coup de sifflet final.

Les enfants exultent, s'enlacent et sautent partout dans le salon en agitant de petits fanions aux couleurs de la France.

On est les champions, on est les champions ! On est, on est, on est les champions !

À travers toutes les cloisons de l'appartement, par les fenêtres, de partout résonnent les mêmes éclats passionnés. La France est en fête, et la Renardière entend bien en être. Du bas de l'immeuble retentit un mélange indistinct de klaxons et de pétards, lancés par dizaines, qui zèbrent la nuit.

Marie-Yvette vient d'entendre à la télévision les premières notes de l'une de ses chansons préférées du moment ; elle pousse le volume à fond. Je réprime un mouvement réflexe pour l'en empêcher : il est tard, c'est vrai, mais vu l'ambiance qui règne dans la résidence ce soir, nous ne risquons pas franchement de déranger les voisins.

La belle voix puissante de la chanteuse américaine Gloria Gaynor se met à submerger la pièce. Je reconnais à mon tour l'air entêtant d'« I Will Survive », devenu l'hymne incontournable des Bleus au cours de ce Mondial.

Happées par le morceau, les filles se mettent à bouger. Au départ, c'est seulement un frétillement discret : les épaules qui pivotent en rythme, les hanches qui les suivent. Au fil des couplets qui mènent au refrain, les gestes deviennent de plus en plus francs, moins retenus. Plus question de faire du sur-place : leurs mains s'envolent vers le ciel, paupières closes, mentons tournés vers le plafond.

Emportés par la vague, Paul et les jumeaux accompagnent leurs sœurs avec enthousiasme, pieds nus sur le tapis du salon, leurs bras frêles battant la mesure en cadence. Ils secouent la tête dans tous les sens, extatiques et comblés, intenses. Impossible de rester impassible : je me mets à danser avec eux, riant aux éclats devant leurs clowneries et chorégraphies improbables. Nous nous laissons envahir par cette musique irrésistible qui nous emplit.

La joie guide nos pas ; nous ne pensons à rien, légers comme des bulles de savon. La France est championne du monde, c'est l'été, les enfants ont encore un beau mois devant eux pour profiter de toutes les activités proposées par le centre aéré. Les Bleus nous ont donné du souffle, ils ont réussi à réunir et à faire palpiter tout le pays.

« Nous aussi, quand on sera grands, on sera footballeurs ! » lâche Mathias, haletant, en s'écroulant sur le canapé la chanson à peine achevée.

L'idée me fait sourire – il a l'air si sûr de lui ! Moi aussi, cela m'a fait rêver, longtemps. Le moment venu, je leur raconterai. Florentin se laisse tomber comme une masse à côté de son jumeau, suivi de Paul qui ne veut surtout pas être en reste. Ils sont si petits encore, ils ont bien le temps de changer d'avis…

9

La débrouille

Je suis assise à la petite table de formica de la cuisine, absorbée par la préparation d'une sauce pour accompagner le riz du dîner, plongée dans mes pensées. Le soir tombe lentement sur la cité ; l'automne s'avance, il commence déjà à faire frais. Un léger coup à la porte d'entrée, soudain, me fait relever la tête et poser le petit couteau avec lequel j'ai l'habitude de découper les aubergines. Je tends l'oreille un instant, sans rien entendre d'autre que les actualités à la télé – j'ai peut-être rêvé.

Armée d'un torchon coloré, j'essuie le jus que les légumes ont laissé sur la desserte, quand une série de petits heurts timides se met à résonner dans l'entrée.

« C'est ouvert ! » lance Marie-Yvette depuis le sofa.

La poignée de la porte s'abaisse dans une hésitation, comme à regret. Puis la porte s'entrouvre lentement, jusqu'à laisser apparaître sur le seuil une toute petite fille, qui avance de quelques pas hésitants en tortillant ses mains.

« Excusez-moi de vous déranger. Chez nous, il n'y a plus d'huile, maman demande si vous pouvez en prêter… »

J'ai déjà vu cette fillette, reconnais les perles dans ses cheveux soigneusement nattés. À la Renardière, tout le monde se connaît plus ou moins. Nous sommes une grande communauté de gens arrivés là par hasard, de toutes les nationalités. Nous ne vivons avec rien de trop, mais pouvons compter les uns sur les autres chaque fois qu'il le faut ; c'est naturel de s'aider.

« Entre, mets-toi au chaud, je vais t'en donner. »

J'ouvre un placard au-dessus de l'évier et attrape un verre à moutarde décoré, dans lequel je verse un peu de liquide épais. Les yeux noirs de la petite suivent attentivement chacun de mes mouvements. Je me baisse pour lui tendre le récipient, qu'elle reçoit en me remerciant.

« Il faudra penser à me ramener le verre, d'accord ? Tu es à quel étage ? »

L'enfant opine et retourne vers la porte en marchant tout doucement, de peur de renverser. Sa bonne volonté me touche – dire qu'un jour je lui ai ressemblé !

Ces services entre voisins, c'est notre quotidien. Des œufs, du sucre, des serviettes en papier : chacun vient demander ce dont il a besoin. Les matchs de championnat, comme nous ne sommes pas abonnés à Canal +, les garçons peuvent aller les regarder chez les Moilime, des Comoriens qui habitent sur le même palier, ou chez la famille Kidari, des Algériens du dixième étage. J'aime ces échanges, cette solidarité. Parfois, dans le quartier, l'eau et l'électricité sont coupées pendant de longues heures ; les adolescents du bâtiment sont envoyés puiser de l'eau dans les tuyaux des pompiers.

Les deux aînées, Moussokoro et Marie-Yvette, m'aident à tenir la maison. Sans elles, avec mes horaires de travail, je ne sais pas comment nous ferions. Le matin, elles veillent à ce que les garçons soient bien réveillés, à ce qu'ils se préparent sans traîner. Les enfants, depuis leur plus jeune âge, ont appris à être indépendants. Ils se servent un petit-déjeuner, avalé rapidement avant de s'habiller, puis filent sur le chemin de l'école, escortés par leurs sœurs qui continuent ensuite jusqu'au collège, quelques rues plus loin. Le soir, les jumeaux et Paul restent à l'étude, où ils font leurs devoirs calmement en attendant qu'on vienne les chercher. Quand aucun de nous n'est disponible pour y aller, nous trouvons d'autres solutions : il y a toujours une connaissance du quartier pour se proposer, les faire goûter et les garder un moment jusqu'à mon retour. Antoine s'occupe d'eux le mercredi et le samedi ; ensemble ils vont au cinéma au centre commercial Les Arcades de Noisy-le-Grand, ou jouent balle au pied dans son quartier, autour de la résidence du Bois-Briard. Paul est inscrit au club de foot de Roissy – le goût des garçons pour le sport alimente la plupart des conversations.

Les choses suivent leur cours. Pour pouvoir trouver du travail plus facilement, élargir mes recherches à tout le département, je décide de passer mon permis de conduire. La conseillère de l'ANPE qui m'y a incitée me reçoit pour monter un plan de financement. Je dois m'y reprendre à trois fois avant de l'obtenir, au terme de dizaines d'heures malhabiles et obstinées derrière le volant. Ce sésame, pour moi, finit par avoir un petit goût de revanche ! Grâce à un ami de mon frère Lansana – ce dernier a quitté la Guinée pour s'installer en Belgique, nous nous voyons désormais plus souvent, il a même vécu chez nous un temps –, j'achète bientôt une petite Toyota rouge d'occasion.

« Tout sera un peu plus facile, maintenant », me dis-je en la garant sur l'un des grands parkings en bas de notre bâtiment. Nous l'apercevons depuis nos fenêtres, ce qui amuse les enfants.

*

Un soir de 1999, Florentin et Mathias me rejoignent dans le salon. Ils se balancent un moment d'un pied sur l'autre sans rien dire, l'air particulièrement satisfait.

D'une pression sur la télécommande, je baisse le volume de la télévision :

« Vous, je sens que vous avez quelque chose à me dire…

– Le prof voudrait te voir, lâche Mathias avec excitation. On a essayé un nouveau sport, et il trouve qu'on est forts !

– Allons bon. Et quel est le sport en question ?

– Tennis de table », s'exclament-ils en chœur.

Je suis plus amusée qu'étonnée de cette découverte ; ils sont adroits et précis, ont souvent des facilités. Les jumeaux, qui sont en CE2, sortent fièrement de leurs cartables de grandes feuilles de papier imprimées. Il y est écrit noir sur blanc, dans une calligraphie solennelle, que mes fils viennent d'être diplômés de la raquette d'or.

« C'était en fonction du nombre de jongles qu'on réussissait, m'explique Florentin. Certains avaient du mal, mais moi j'ai trouvé ça très facile. Tout le monde pensait qu'on en avait déjà fait ! »

Après quelques séances, leur talent et leur envie de gagner s'imposent comme des évidences : j'accepte de les inscrire au club de tennis de table municipal. Ils s'entraîneront trois fois par semaine, après l'école, dans la salle Jacques-Rossignol, qui est toute proche de notre bâtiment. Au moins, comme ça, ils se dépenseront, tout en étant encadrés : je ne compte plus les ampoules et les verres qu'ils ont brisés chez nous, en improvisant des un contre un avec leur balle en mousse dans le petit couloir d'entrée de l'appartement. Depuis le salon, j'entends régulièrement le ballon taper sur les murs, ce qui ne manque pas de m'exaspérer. Leur système est bien rodé : deux d'entre eux font des frappes, le troisième joue les gardiens. Leurs âneries m'amusent, et je leur reconnais une belle inventivité, mais il n'est pas toujours simple de les canaliser…

Le week-end, parfois, ont lieu des tournois. Paul suit ses frères, marche dans leurs pas. Il insiste, têtu, pour jouer aussi : dans la famille, rien ne doit se faire sans lui ! À la moindre contrariété, le petit se met à bouder, et nous devons ruser pour le dérider. C'est une vraie canaille, intrépide et obstinée.

En ping-pong, Florentin et Mathias progressent à toute vitesse, à la grande satisfaction de l'entraîneur qui les a pris sous son aile. Les rencontres s'enchaînent, un peu plus importantes à chaque fois. Je vais les voir jouer dès que je le peux, spectatrice discrète mais zélée dans un petit coin de gymnase. Les garçons s'illustrent à toutes les compétitions. Florentin n'a pas dix ans quand il finit premier du championnat de Seine-et-Marne. Mathias est second, Paul – qui a tout fait pour être surclassé – troisième… Nous rentrons à l'appartement épuisés et ravis, les bras chargés de coupes brillantes.

Le soir venu, tandis que mes fils jouent au Uno ou au Puissance 4 avec leurs sœurs pendant des heures sur le tapis du salon, je sors le petit carnet sur lequel j'ai inscrit les numéros de téléphone de toutes les personnes que je connais. Grâce aux cartes téléphoniques prépayées, je garde un lien constant avec la Guinée. J'aime écouter les histoires des uns et des autres, ne rien manquer de ce qui se raconte au pays. À mon tour, j'évoque les performances et résultats des petits, de la joie plein la voix. C'est plus fort que moi : ce plaisir, je ne peux pas m'en passer.

*

Quelqu'un qui travaille au Département a repéré les jumeaux. Il leur est proposé d'intégrer dès la sixième une classe de sport-étude en internat au centre de ressources, d'expertise et de performance sportive (Creps) de Montry, en Seine-et-Marne. La porte d'entrée dont rêvent tous les enfants tentés par le sport de haut niveau… Impossible de leur refuser, d'autant que tous les frais liés à leur scolarité sont pris en charge.

Le pôle espoir, qui réunit les meilleurs pongistes d'Île-de-France, se situe à une bonne trentaine de minutes de chez nous en voiture. J'y emmène Mathias et Florentin chaque dimanche soir et reviens les chercher le vendredi après l'école. En chemin, nous écoutons tantôt des CD sur lesquels ont été gravés les derniers tubes guinéens, tantôt Skyrock ou Fun Radio.

Les jumeaux se sont adaptés très vite, sans faire de difficultés. En semaine, ils ont cours jusqu'en début d'après-midi, puis enchaînent avec des entraînements de tennis de table, deux heures minimum chaque jour. Des chambres individuelles leur ont été attribuées, petites mais bien tenues. En leur absence, quand ils ne sont pas là à rire et piailler dans tous les sens, l'appartement me semble presque trop calme. Paul et moi passons beaucoup de temps ensemble, tandem inséparable. Le petit m'emboîte le pas où que j'aille, m'attendant en jouant avec son ballon dans la rue lorsque je vais me faire tresser les cheveux dans une échoppe africaine de Paris.

La fierté des succès qu'enchaînent les jumeaux, du haut de leurs dix ans, me réconforte : Mathias ne tarde pas à être sacré champion de France individuel benjamin garçon, et Florentin vice-champion. Leur osmose est un spectacle à part entière. Ces victoires sont parfois dotées de petites sommes d'argent, que je les laisse dépenser à leur gré. Ces quelques centaines de francs, après tout, ce sont eux qui les ont gagnées. Avec, ils investissent dans du petit équipement et offrent à Paul la paire de baskets à la mode qu'il convoitait. Le petit la reçoit avec gratitude, le visage barré d'un sourire franc.

Le week-end, à peine réunis, les trois frères foncent au city-stade de Roissy-en-Brie. Là, ils jouent au foot avec leurs amis du quartier et se font des passes jusqu'à ce que la nuit tombée les oblige à rentrer. Leur passion commune pour le ballon rond, peu à peu, semble prendre le dessus sur le tennis de table. Il faut dire que les jumeaux ont connu une grosse déception : pour continuer à évoluer, ils ont été invités à se rendre en Chine, où est régulièrement organisé un grand tournoi international. Tous les bons joueurs d'Europe y seront – c'est une belle occasion de mesurer leurs progrès.

Pour ce voyage, une contribution financière est exceptionnellement demandée aux parents. La caisse des allocations familiales accepte de prendre en charge une partie des frais, mais, même avec cela, je ne dispose pas assez d'argent ; quant à Antoine, il refuse tout bonnement de participer. En apprenant qu'ils ne pourront pas y aller, contrairement à la plupart de leurs camarades, les enfants sont abattus, démotivés. Depuis qu'ils sont tout petits, je les encourage toujours à faire ce qu'ils aiment, tout ce qu'ils veulent de leur vie. Mais cette fois je ne peux pas les aider ; il n'y a pas de solution, nous devons renoncer.

Les jumeaux, résilients, se font vite une raison :

« C'est pas grave, maman, assurent-ils. On préfère le foot, de toute façon ! »

10

Le voyage aux États-Unis

Les billets sont réservés depuis des mois ; c'est mon frère Sidiki qui les a pris et payés. Les garçons en ont parlé à l'école, et aussi à leurs camarades d'entraînement à l'US Roissy : en cet été 2002, ils ne prendront pas part aux activités proposées par la Maison des jeunes et de la culture aux enfants du quartier. Pas de colonie de vacances, pas d'excursions en autobus jusqu'à une base de loisirs à proximité : nous partons rejoindre mon frère et sa famille à Washington, la capitale des États-Unis !

Les jumeaux terminent leur cinquième au collège Eugène-Delacroix, à dix minutes à pied de la maison ; Paul est encore en primaire et me tend encore de temps en temps, en rentrant, de petites paquerettes cueillies au gré des pelouses et gazons traversés.

Je prépare notre voyage de longue date, en économisant chaque sou. Les deux grandes resteront à la maison avec leurs amis, nous en sommes convenus. C'est souvent compliqué, financièrement ; nous n'avons rien de trop, mais nous nous en sortons.

Au moment du départ, mes fils sont excités comme des poux. Ils s'amusent de tout – c'est la première fois qu'ils ont l'occasion de monter dans un avion. Florentin en gardera les oreilles bouchées pendant plusieurs jours, ce qui est loin de suffire à ternir son plaisir.

Après toutes ces années d'échanges par téléphone, les enfants rencontrent enfin mon frère Sidiki, son épouse, Wieslawa, et leurs trois filles adolescentes, Lucie, Kora et Yvonne. Ma grande sœur Lucie, qui s'est installée dans l'Ohio, a également fait le déplacement pour nous retrouver.

Chacun prend aisément ses quartiers dans cette grande maison aux tons crème, aux murs intérieurs revêtus de lattes de bois. Mathias, Florentin et Paul investissent le sous-sol, quand ils ne sont pas en train de jouer au foot dans le jardin ou sur un petit terrain à proximité. Les styles vestimentaires des Américains, le moindre morceau de musique qui passe à la radio les transportent. Leurs cousines leur font découvrir Mary J. Blige, les rappeurs Nelly et Dr Dre. Kora montre aux garçons son jeu vidéo préféré, Diner Dash, dans lequel elle incarne une jeune serveuse de restaurant qui doit redresser des établissements au bord de la faillite. Les enfants passent des heures à regarder l'écran par-dessus son épaule, tournant comme des mouches vrombissantes autour d'elle, qui reste imperturbable.

Nous visitons en famille la célèbre Maison-Blanche, qui abrite le bureau du président George W. Bush, nous baladons gaiement le long de larges avenues écrasées de soleil. Un déjeuner dans un buffet à volonté de plats américains laisse une très forte impression à mes fils : ils goûtent à chaque plat et se res-servent frénétiquement, quatre ou cinq fois chacun, jusqu'à se faire un peu mal au ventre. Le mois d'août s'écoule à toute vitesse sans que nous l'ayons vu passer. Déjà il faut plier bagage, retrouver notre réalité, des souvenirs plein la tête, le cœur serré.

Nous reviendrons bientôt ; je le promets à mon frère, à ma sœur, je le jure aux garçons.

Nous allons économiser, pour pouvoir tous se revoir d'ici quelques années.

Dans le RER qui nous ramène de l'aéroport à Roissy-en-Brie, les petits font grise mine. Cela ne dure pas trop longtemps, heureusement : les retrouvailles avec leurs sœurs et les parties de ballon endiablées au stade Paul-Bessuard leur font bientôt tout oublier.

Quant à moi, je dois chercher du travail, une nouvelle fois. Retour à la case départ. Il faut que je trouve vite, nous n'avons plus d'argent de côté. Je ne regrette rien, pourtant, de cette parenthèse enchantée offerte à mes enfants. Auront-ils plus de chance que moi, dans leur vie future ? Pourront-ils un jour quitter Roissy ? Voir plus grand, rêver, visiter d'autres pays ? Je chasse cette pensée comme une mouche importune et enfile un tablier ; le frigo est presque vide, mais il faut faire avec et préparer le dîner, en tâchant de ne pas s'inquiéter.

11

Premiers pas

Un cri sourd s'échappe de ma poitrine quand le benjamin se fait violemment bousculer. *Faute !* J'ai bondi sur mes pieds pour me redresser, prête à sauter sur l'adversaire. Un peu plus loin sur le terrain, mes fils aînés me jettent un regard désolé avant de s'éloigner à petites foulées pour reprendre leurs places – Mathias est ailier droit, Florentin ailier gauche. L'arbitre n'a pas sifflé ; ça repart.

Sur le bord du terrain, il fait si froid que je ne sens plus mes extrémités. La seule vue des actions suffit à me réchauffer : je m'embrase devant les passes maîtrisées de Mathias, donne de la voix pour encourager les accélérations soudaines de Flo, lève les bras par anticipation quand Paul est sur le point d'attaquer… Quel spectacle !

Ce n'est pas tous les jours que je peux me libérer pour venir les regarder jouer.

« Il faut absolument que vous veniez voir ça, m'a récemment lancé l'un des entraîneurs du club de Roissy, croisé au détour d'une rue du quartier. Vos fils ont beaucoup de talent, leur potentiel est immense. »

Je regarde autour de moi. En ce samedi après-midi, peu de parents sont venus assister à cette rencontre sans enjeu. Pas vraiment d'ambiance, seulement quelques pères de famille qui piétinent dans les tribunes clairsemées.

Je sens que ma présence agit sur les garçons comme un excitant : ils se donnent à fond, sans s'économiser jamais ; leurs yeux me cherchent à chaque belle frappe. Ils sont très forts pour leur âge, très impressionnants, c'est vrai. Au-dessus du lot, assurément.

Est-ce aussi ce que pensent de leurs enfants tous les autres parents ? Je ne crois pas : après chaque match, plusieurs d'entre eux les approchent pour les complimenter sur leur jeu.

« Vous êtes la maman des frères Derrick ? »

J'acquiesce en riant. Mes aînés sont surnommés ainsi depuis plusieurs années déjà, en référence aux jumeaux du célèbre dessin animé *Olive et Tom*.

Les voilà d'ailleurs qui foncent sur moi, encore tout fumants dans leurs maillots bleu marine.

« Tu as encore stressé, maman, me taquine Mathias, tu vis les matchs trop intensément ! Bon, à part ça, tu nous as trouvés comment ? »

Nous rentrons tous les quatre à l'appartement en longeant un petit chemin de terre, puis le cimetière. Le foot, désormais, nous sommes dedans du matin au soir. Nous avons pris un abonnement à la revue *Onze mondial* et nous répartissons les photos détachables de nos joueurs préférés. Les murs de la chambre des garçons sont couverts de portraits de Zidane et de Djibril Cissé. Florentin et Paul ne jurent que par Arsenal, Mathias est un fervent supporter de Manchester United. Mes trois fils ne parlent que de ça, ne vivent que pour ça. Au collège, ils se contentent de faire le minimum. Flo et Mathias ne sont pas des cancres, pas non plus des ambianceurs, mais les cours ne les intéressent pas plus que ça. Paul, lui, est souvent puni. C'est une pipelette, il bouge dans tous les sens sur sa chaise, ne peut pas s'empêcher d'asticoter ses camarades, de les piquer. Il est vif et aime bien mettre le bazar, ce qui ne doit pas être tous les jours facile pour ses professeurs...

Si vous voulez gagner votre tranquillité, il faut assurer la moyenne à l'école, je leur répète inlassablement. Pour Antoine aussi, les résultats scolaires sont très importants – davantage encore que pour moi, je crois. Il a toujours été sévère, intraitable sur certains sujets. Ce n'est sans doute pas pour rien qu'il est devenu enseignant ! Quand il estime que leurs notes ne sont pas suffisantes, il n'hésite pas à les priver de matchs.

En attendant, les résultats scolaires des garçons leur jouent des tours, et c'est dommage. C'est à cause de ses bulletins que Florentin est recalé au cinquième tour du concours d'entrée de Clairefontaine, le centre de préformation pour les enfants de 13 à 15 ans de la Fédération française de football. À peine quelques années plus tard, Paul rencontre le même problème ; il redouble sa cinquième. Leur frustration est immense ; sous notre toit, l'atmosphère s'en ressent pendant un bon moment. La tête et les jambes : pour pouvoir exercer ce métier, il faut tout avoir !

Je ne cesse de le leur répéter, avec plus ou moins de succès.

Pour eux, la vie ne commence qu'après l'étude, quand ils sortent précipitamment de cet établissement composé de deux bâtiments blancs entourés d'une bande de verdure, à deux pas du gymnase Georges-Chanu. C'est devenu une routine, leur marque de fabrique : les garçons se hâtent de rentrer chez nous, pour se changer et avaler un rapide goûter. Puis ils volent jusqu'au stade où ont lieu les entraînements chaque mardi, jeudi et vendredi. Le reste de la semaine, de toute façon, on les trouve aussi au city-stade, à décortiquer et refaire mille fois chaque mouvement jusqu'à y arriver, savoir l'exécuter parfaitement. Tous les samedis, ils jouent des matchs. Pour eux, c'est la seule chose qui compte : il leur est tout à fait impossible d'imaginer faire, plus tard, un autre métier.

En troisième, à 14 ans, Florentin et Mathias se retrouvent à nouveau dans la même classe. Un stage de découverte d'une semaine en milieu professionnel est exigé, pour que les jeunes puissent s'essayer à une profession qui les tente ou les fait rêver, se frotter une première fois aux contraintes de la vie d'adulte. Mes deux grands passent finalement cinq jours dans une boulangerie de Ponteau. Il fallait bien aller quelque part, c'est tout ce que nous avons trouvé. C'est l'hiver ; nous avons changé de voiture pour une Renault 19 verte, qu'il faut sacrément pousser pour qu'elle accepte enfin de démarrer. Se lever très tôt pour préparer la pâte, de toute évidence, ça ne convient à aucun de mes jumeaux.

« Pourquoi est-ce qu'on doit faire ça ? gémissent-ils dans la voiture, les yeux encore tout collés de sommeil. On sait très bien ce qu'on veut faire, footballeurs, c'est pas compliqué ! »

Au collège, quand on les interroge à ce sujet, ils ne cessent de le répéter. *Footballeur, ce n'est pas un métier*, leur opposent leurs professeurs. *Beaucoup d'appelés, peu d'élus*.

Pour mettre fin à ces discussions qui n'aboutissent à rien, tous deux finissent par répondre qu'ils se destinent à la comptabilité ; problème réglé. Je sais bien que mes fils, pourtant, n'en pensent pas moins. Il en faudrait bien plus pour les faire changer d'avis !

*

Ces derniers temps, leurs prénoms semblent avoir disparu : ils ne s'appellent plus que par des surnoms. C'est Paul, ne loupant jamais une occasion de faire le pitre et d'amuser la galerie, qui a lancé le mouvement : tous les membres de la famille ont été renommés, à commencer par lui-même, qui s'autobaptise « la Pioche ». Cela vient d'une comédie africaine que nous avons en DVD, dans laquelle un comédien ivoirien, Gohou Michel, ne cesse de répéter : « La Pioche, il va piocher au village ! »

« Pogby la Pioche », s'esclaffe le benjamin de la fratrie, qui finit par m'inviter moi aussi à ne l'appeler qu'ainsi. Florentin, quant à lui, devient « le Zer ». Quand il s'amuse à danser le logobi, une danse ivoirienne qui reproduit les gestes des combats de rue, ses copains l'appellent Ya'Flo : en lingala, une langue bantoue parlée surtout en République démocratique du Congo, « ya » est placé devant un prénom pour dire « grand ». Ya'Flo, c'est grand Flo. Qui devient ensuite – qui sait pourquoi ? même Florentin l'ignore – Ya'Flo'Zer, et enfin « le Zer ». Pour Mathias, le choix est plus simple : ses frères le surnomment « le Dos » en référence au gorille dos argenté, un singe très, très costaud. C'est vrai qu'il est large d'épaules – il l'a été très tôt.

J'hérite quant à moi du sobriquet de Mamso, ce qui n'est pas pour me déplaire. Maman, mama, mam's, mamso. La mère. Ça me va. En Afrique, généralement, il est assez malpoli d'appeler une personne directement par son prénom : mieux vaut lui donner du tantine ou du tonton, user d'un lien de parenté réel ou supposé. Les copains des garçons s'y mettent aussi, en commençant par les frères Kidari, Riad et Nasser, qui vivent à la Renardière eux aussi. Un peu plus jeunes que les jumeaux, ils viennent souvent à l'appartement pour jouer à la Playstation avec mes fils.

Après nombre de galères, de mois entiers passés à chercher du boulot, n'importe quoi, en désespérant d'en trouver, j'ai finalement pu obtenir un travail qui me plaît dans le foyer Les Charmilles, à Ozoir-la-Ferrière, un centre qui accompagne des personnes adultes en situation de handicap intellectuel. Tous les jours, de huit heures à dix-sept heures, je fais le ménage, les repas et le repassage pour les travailleurs handicapés du foyer. La résidence principale, sur deux étages, comporte une petite trentaine de places, ainsi que dix petits appartements. Je prends ces gens comme ils sont, et tout se passe très bien.

Je me sens plus stable que jamais : j'ai enfin un CDI, un vrai, un job pour lequel je suis acceptée et même respectée. Quel bonheur que ce calme, après toutes ces difficultés ! Mon salaire nous suffit pour vivre désormais, je ne suis plus obligée de demander à Sidiki ou d'autres membres de ma famille en Guinée de me prêter de l'argent pour nourrir les enfants. Cette émancipation est un vrai soulagement.

Notre vie se transforme peu à peu. Désormais majeure, l'aînée des filles, Moussokoro, a choisi de quitter notre logis pour vivre de son côté. Nous avons eu de nombreux désaccords, elle et moi, au fil des années : je le regrette, mais c'est ainsi. Elle envisage de devenir aide-soignante à Roissy – ce n'est pas une mauvaise idée. J'espère qu'elle y parviendra et qu'elle sera épanouie.

Marie-Yvette continue ses études. Elle est attirée par le commerce international et la perspective de vivre en Angleterre. Nous avons toujours été très proches, elle et moi, et cette complicité me réjouit. Je les ai élevées toutes les deux ; entre nous, ce n'est pas toujours rose, mais elles seront toujours mes filles.

Quant aux garçons, je ne me fais pas de souci pour eux. Tout ce que je veux, c'est qu'ils ne deviennent pas des bandits : je refuse de les voir traîner, qu'ils se mettent à boire ou fumer comme de trop nombreux jeunes du quartier, qui poussent sur le pavé comme des herbes folles. Mes fils sont autonomes, structurés. Ils semblent toujours savoir où ils vont, ce qu'ils veulent, et se donnent les moyens de l'obtenir. Ils ont la rage de vaincre, une vraie détermination à être toujours les meilleurs. Aucun d'entre eux ne supporte la défaite – le petit Paul encore moins que ses aînés ! Tout petit déjà, il se mettait dans tous ses états quand son équipe perdait, pleurait, c'était insupportable pour lui. Il a un gros caractère et un mental de fer.

Paul n'est âgé que d'une dizaine d'années, en septembre 2003, quand les moins de onze ans de l'US Roissy sont invités au Stade de France, dans le cadre d'une rencontre qualificative pour l'Euro 2004. Le stade mythique, qui a accueilli la finale de la Coupe du monde 1998, ne se trouve qu'à une vingtaine de minutes en voiture. Les Bleus accueillent Chypre ; en lever de rideau, Paul et ses coéquipiers disputent deux rencontres. La plupart des idoles de Paul – Desailly, Thuram, Barthez, Vieira… – sont présentes et acceptent même de se laisser photographier avec les enfants. Ce jour-là, en visitant les vestiaires, en recevant une tenue rouge floquée du sponsor de l'équipe de France, mon fils touche son rêve du doigt. Cette visite s'apparente pour lui à une confirmation.

De retour à l'appartement, il nous raconte plusieurs fois chaque minute de sa journée. Chaque découverte, chaque impression. J'aime le voir comme cela, plein de passion, même si c'est parfois usant. Mon cadet, têtu comme une mule, n'en a jamais assez : il regarde toute la journée des vidéos de ses joueurs favoris et reproduit leurs gestes encore et encore jusqu'à les maîtriser. Ronaldinho, champion du monde en 2002 avec l'équipe du Brésil, figure en bonne place parmi ses favoris.

Les garçons veulent progresser, espèrent être repérés par des recruteurs. Ils ne prennent jamais de repos et s'entraînent même le dimanche, avec Antoine, sur un terrain proche de la résidence du Bois-Briard aménagé par leurs soins ; le but est matérialisé par deux arbres rapprochés. Leur père observe leur jeu, distribue conseils et exercices sur mesure.

En quatrième, les jumeaux choisissent de quitter leur club de Roissy pour celui d'Alfortville, dans le Val-de-Marne. L'équipe a un bon niveau, une excellente réputation dans la région. Mais le stade où ont lieu les entraînements est assez loin de chez nous : pour s'y rendre, Mathias et Florentin doivent emprunter pas moins de trois RER différents ! Il y en a pour une petite heure, tout de même, ce qui les oblige à se dépêcher encore plus à la sortie des cours. Leurs entraîneurs, heureusement, tiennent compte de notre situation financière et prennent en charge les déplacements en bus du week-end. Je me souviens notamment d'un tournoi dans le Sud, à Saint-Raphaël : Florentin en revient meilleur joueur, et Mathias meilleur buteur. La période Alfortville pourtant ne durera pas longtemps : c'est trop loin, les jumeaux rentrent trop tard. Ils regagnent donc Roissy, puis Ozoir-la-Ferrière.

Pour Paul, ce sera Torcy, sur proposition de son coach à Roissy ; nombre de jeunes talents de la région parisienne s'y entraînent.

Par bonheur, le stade ne se trouve qu'à une dizaine de kilomètres de chez nous.

Le changement se fait en juillet 2006, juste avant notre deuxième voyage aux États-Unis. Je l'avais promis aux garçons : nous y retournons. Dans l'Ohio cette fois, chez ma grande sœur Lucie. Je fête là-bas mes trente-six ans ; les jumeaux ont soufflé la veille seize bougies. Ce sont de vrais adolescents à présent, plus des enfants. Florentin s'est fait percer les oreilles en cachette ; Mathias l'oreille gauche seulement. Paul porte aussi un petit brillant… Tant qu'ils ne font rien de plus grave comme bêtises, je préfère laisse filer.

Comme leur petit frère, comme tout le monde dans la famille, les jumeaux aiment danser et ne s'en privent jamais. Cet été-là, ils font même une apparition, pantalons sous les fesses et tee-shirts XXL, dans un clip musical tourné par un ami de leur cousine Kora. Jay-Z et Beyoncé, 50 Cent et G-Unit monopolisent nos conversations.

La Pioche a eu treize ans au printemps ; à notre retour des États-Unis, il fait ses premiers pas sous le maillot jaune et rouge de l'US Torcy. Les moins de quatorze ans s'entraînent trois fois par semaine – lundi, mardi et jeudi – au stade du Frémoy. Je m'organise pour l'y emmener en voiture le plus souvent possible. Je le dépose et vais l'attendre chez une amie guinéenne, Marcelline, qui habite tout près ; nous papotons ensemble jusqu'à ce qu'il ait fini, profitant de l'occasion pour échanger des nouvelles du pays.

Pour sa première année à onze joueurs, Paul se réjouit d'avoir été immédiatement placé au milieu du terrain. C'est une place qui lui convient. Il s'entend très bien avec tous les membres de l'équipe, aime être aux commandes et se voit vite confier le brassard de capitaine. Observateurs et recruteurs sont régulièrement présents sur le bord du terrain, il le sait. Un matin, je trouve sur mon portable un message d'un représentant du Havre Athletic Club. Le club normand demande à faire un essai avec Paul et l'invite à une détection sur quelques jours au sein de son centre de formation.

Les tests ont lieu au début du mois de novembre. Mon fils, survolté, veut absolument y aller. Il en revient encore plus exalté : on lui propose un contrat, ça y est ! Il pourrait commencer à l'été 2007. Après avoir bien réfléchi, longtemps discuté, Antoine et moi acceptons de le laisser signer. Pas facile de se faire à l'idée de laisser notre benjamin s'installer à plus de 200 kilomètres de Roissy, même si c'est dans son intérêt...

D'autant que les jumeaux s'envolent eux aussi, à la même période. Tout a commencé par la visite d'une connaissance guinéenne, venue pour me remettre un colis et du courrier. En entrant chez nous pour la première fois, son œil est immédiatement attiré par les coupes et trophées que rapportent les garçons chaque fois qu'ils jouent depuis des années.

« Tes fils ont l'air prometteurs, me lance-t-il, que de succès ! Tu sais, j'ai un ami qui est dans le football en Espagne, on va l'appeler. »

Il joint aussitôt le geste à la parole : les jumeaux sont conviés à passer des tests au Celta de Vigo, une ville de la côte nord-ouest, à 1 600 kilomètres de chez nous. Mais je préfère ne pas y penser : ils doivent saisir cette chance qui leur est offerte, c'est une belle opportunité. Alors j'emprunte un peu d'argent à une amie guinéenne, quelques centaines d'euros, pour que mes aînés, qui viennent de terminer leur seconde, puissent y aller.

Tout s'enchaîne très vite ; Florentin et Mathias quittent Roissy aux premiers jours du mois de juillet 2007. Le stage doit durer une semaine environ. Les garçons ont fait en sorte de voyager le plus léger possible : vingt-quatre heures de bus les attendent jusqu'à Vigo. Le dirigeant du club viendra les chercher à l'arrivée, pour les conduire jusqu'à la résidence où logent les joueurs.

Au soir du premier jour, je trouve un message de Flo :

« Match amical aujourd'hui, on a tout donné. Thias attaquant, moi ailier. J'ai centré pour lui, il a marqué ; on a gagné 1-0 ! Les gens du club ont l'air contents, on verra… »

Le lendemain, en fin de journée, je reçois un appel de mes fils, fiévreux et remontés comme jamais : « C'est bon, c'est validé, ils nous gardent ! On vient juste de l'apprendre, on t'a direct appelée. Le club prend tout en charge : on va même avoir de l'argent de poche, cent euros par mois ! »

Je les félicite chaudement, en prenant garde à dissimuler un peu l'émotion que je ressens. Dans la famille, nous avons toujours été ainsi ; nous conservons entre nous une certaine pudeur. Les câlins, les bisous et les mots doux, ce n'est pas tellement nous.

Moi qui pensais retrouver les garçons quelques jours plus tard à la maison, je dois me faire une raison : ils resteront finalement en Espagne, où je ne pourrai pas les retrouver avant plusieurs mois.

Mouvementé et joyeux, cet été 2007 est celui de tous les départs. Qui sait où les mènera cette longue route qu'ils viennent juste d'entamer ?

12

Allers-retours

Préparer des bagages, encore et encore ; ne rien oublier qui pourrait venir à manquer. Faire des listes, vérifier les horaires, s'organiser. Depuis que les garçons sont partis, Paul au Havre, Florentin et Mathias en Espagne, je ne cesse de courir à droite et à gauche.

Antoine et moi sommes allés visiter ensemble le centre de formation du HAC – créé en 1872, c'est le doyen des clubs de football français ! –, où notre fils va passer ses prochaines années. Ce dernier, aux anges, n'a pas cessé de s'extasier devant tout ce qu'il découvrait.

Connu pour être l'un des meilleurs du pays pour préparer des jeunes au métier de footballeur, le centre de la Cavée-Verte est installé sur la partie haute de la ville, dans un quartier paisible. Le bâtiment, ceint de vastes baies vitrées, est simple et un peu vieillot, mais très bien pensé. Dans l'entrée sont alignés les nombreux trophées remportés au fil des années par les équipes de jeunes des Ciel et Marine. Au rez-de-chaussée se trouvent des vestiaires, une salle de musculation. Un peu plus loin, un grand escalier en colimaçon, décoré d'hommages aux anciens devenus joueurs de renom, dessert l'étage réservé aux chambres. Deux espaces s'y côtoient, séparés par une grande salle de repos : d'un côté les pièces destinées à loger les adolescents du centre de formation, qui ont entre seize et dix-neuf ans, de l'autre celles qu'on réserve aux plus jeunes de la « préfo », la pré-formation, une petite dizaine d'aspirants à peine âgés de treize à quatorze ans. Tous les lieux de vie, peints aux couleurs du Havre AC, donnent sur les trois terrains d'entraînement.

Je suis assez impressionnée par la discipline qui règne au sein du complexe : tous les apprentis que nous croisons se montrent polis, obéissants et ordonnés. Ils savent qu'ils jouent gros ; chaque écart est consigné et peut donner lieu à des sanctions.

Dans cet univers, Paulo la forte tête semble être comme un poisson dans l'eau. Il partage sa chambrette avec un garçon d'origine malienne, venu lui aussi de la région parisienne. Mon fils a toujours su s'entourer, nouer des amitiés en un clin d'œil. Il devient très vite copain avec un Zaïrois – le centre accueille des jeunes de nombreuses nationalités, toute l'Afrique ou presque y est représentée !

Les encadrants prennent le temps de bien nous expliquer à nous, les parents, comment cela va se passer. Paul aura cours tous les matins avec les autres élèves de quatrième d'un collège qui se trouve à deux kilomètres du centre. Dans cette fabrique à footballeurs, les résultats scolaires des aspirants sont examinés de très près – il ne s'agit pas seulement de courir après un ballon, leurs cursus doivent être exemplaires. Mon fils finira tous les jours à quinze heures trente, puis rentrera à la Cavée-Verte en minibus, avant de filer dans sa chambre poser son sac et se changer : tous les apprentis doivent se présenter sur le terrain à seize heures, pour deux heures d'entraînement.

On lui apprendra les bases de la nutrition, de la communication. Il faudra qu'il se plie à des règles de vie strictes : pas de téléphones portables dans les chambres, très peu de temps libre, pas d'incidents. Mon fils accepte, très content, prêt à commencer sur-le-champ.

Il peut rentrer à Roissy certains week-ends, par le train qui relie Le Havre à Paris. Je vais le chercher le vendredi soir à la gare Saint-Lazare ; il fait le voyage avec quelques garçons de l'académie qui viennent eux aussi de la banlieue parisienne. D'autres parents dans la même situation attendent devant le quai pour récupérer leurs enfants – à force, nous faisons connaissance et organisons des covoiturages.

Le temps passe trop vite quand nous sommes ensemble, mon fils et moi ; je prépare un repas, puis Paul descend taper quelques balles avec ses copains de RLS, pour Roissy-la-Source – une expression lancée par quelques rappeurs de la ville, et qui le marque à jamais.

Les week-ends de compétitions, quand il ne peut pas se déplacer, c'est moi qui vais en Seine-Maritime retrouver mon cadet. Je fais l'aller-retour sur une journée, les sacs chargés de gâteaux, de crocodiles en gélatine et de sirops.

Paul me fait des listes de tout ce qui lui manque et qu'il rêve de manger :

oursons guimauve

bonbons acidulés rose et bleu en forme de bouteilles

chips

Nous restons dans les bâtiments à discuter tranquillement, plaisanter avec ses camarades – Christ Ntangu, El-Hadji Ba – et le personnel du centre. La cantine des joueurs, où nous déjeunons ensemble, propose des menus spécialement élaborés pour les sportifs. Ils sont bien plus équilibrés que les listes de mon benjamin ! J'aime le regarder jouer, disputer chaque match avec la même férocité, comme si sa vie en dépendait. *La génération 93 est prometteuse*, lance régulièrement leur entraîneur.

Chaque fois que c'est possible, je prends le bus pour l'Espagne, jusqu'à Vigo. Il faut plus d'une journée complète pour y aller – la route est interminable, éreintante et compliquée. Je m'y rends pour la première fois à l'automne 2007, chargée d'affaires, de sacs pleins de vêtements. Cela fait déjà plus de quatre mois que mes aînés, partis pour une semaine de stage avec de très maigres baluchons, se débrouillent avec ce qu'ils ont…

Entre-temps, il aura fallu refaire en urgence leurs papiers d'identité : cela n'aura pas été une mince affaire ! Les documents étaient sur le point d'expirer, or sans justificatifs en règle, le club ne pouvait évidemment pas les garder. Accompagnés d'Éric – un Camerounais, le fameux contact en Espagne de mon ami guinéen –, les jumeaux se rendent à l'ambassade de France à Madrid et plaident leur cause désespérément. Il faut pouvoir justifier de l'autorisation des deux parents, c'est un peu long, les garçons montent en pression. Je passe de nombreux appels, jusqu'à tomber par hasard sur une employée bienveillante, qui comprend immédiatement la situation et nous aide à trouver une solution. Éric et moi, nous nous donnons constamment des nouvelles de la situation ; il a pris mes deux fils sous son aile et s'en occupe bien.

Lors de ma première visite, Florentin et Mathias me font faire le tour des bâtiments et des différentes structures du club. Dans leur chambre, j'éclate d'un rire sonore en découvrant une Playstation que je ne pensais pas y trouver : les jumeaux ont économisé pendant quatre mois pour pouvoir s'offrir leur console préférée dans un magasin qui revend du matériel d'occasion.

Les jumeaux sont les seuls Français de toute la résidence, qui compte une petite vingtaine de joueurs, et aussi les seuls Noirs. Le contraste me frappe immédiatement : Paul entouré de jeunes élevés par des parents de tous les pays d'Afrique, et mes aînés un peu mis à l'écart par les autres, différents et isolés, pas vraiment aidés. Il faut dire qu'ils ne se débrouillent pas encore très bien en espagnol, ce qui ne facilite pas les contacts. Tous deux restent donc le plus souvent entre eux, en essayant de faire ce qu'ils peuvent. Je leur trouve beaucoup de force et de courage.

Au cours d'un match, un jour, Mathias entend des cris racistes qui lui sont adressés, venus des gradins. Sans réfléchir, en adolescent qu'il est, il y répond par un doigt d'honneur… et écope aussitôt d'un carton rouge par l'arbitre. C'est injuste, bien sûr, mais il n'y a pas de recours possible. Il en fulminera pendant des jours, profondément blessé.

« Pour être vus et considérés, vous devrez toujours faire plus que les autres », leur répétons-nous très souvent, leur père et moi, depuis qu'ils sont enfants.

Le racisme, nous savons ce que c'est. Nous en avons parfois fait les frais, chacun de son côté, sans toujours s'en parler. Il faut le combattre : c'est une vraie plaie. Il s'exprime de façon très pernicieuse parfois, ce n'est pas forcément flagrant, on ne peut pas vraiment être sûr qu'il s'agit bien de ça. Quand l'ANPE m'oriente immédiatement sur du ménage, même quand je pourrais prétendre par mes études à des postes un peu plus intéressants, comme si je n'étais de toute façon bonne qu'à ça : racisme ou pas ? Peut-être s'agit-il plutôt d'une forme de mépris pour ceux qui n'ont rien. Comment savoir ? Si je pose la question, histoire d'en avoir le cœur net, on me répondra que non, la couleur n'a rien à voir là-dedans, qu'est-ce que j'imagine ?

Pas le temps d'épiloguer de toute façon : j'ai déjà trop à faire entre mon travail aux Charmilles et les enfants. Il m'est de plus en plus difficile de tout concilier. Mes collègues se montrent assez compréhensifs au départ, mais ça devient plus difficile de s'arranger sur le temps long. Après avoir jonglé entre ces différentes contraintes aussi longtemps que je le pouvais, je dois renoncer à ce travail, que j'aimais bien et exerçais en CDI depuis quelques années.

Mes garçons d'abord – cela ne changera jamais. Pour eux, je suis prête à parcourir des dizaines de milliers de kilomètres, traverser toutes les frontières, faire tous les efforts. J'espère qu'ils le savent, même si je ne le leur dis jamais.

*

De ces deux années, entre 2007 et 2009, qui ont marqué un tournant dans nos vies, je garde des fragments éparpillés, qui me reviennent par bribes. Dans ma mémoire, les souvenirs tendent à se confondre. Je les prends comme ils viennent, sans chercher vraiment à les resituer précisément.

En fermant les yeux, je revois les jumeaux de retour à la maison – nous n'avions pas d'argent pour voyager, ils ne rentraient qu'à Noël et en été. Les appels téléphoniques coûtaient cher, eux aussi ; nous nous limitions en général à un seul appel par semaine depuis leur résidence, le dimanche, et ne nous parlions que pendant une dizaine de minutes maximum. Je me souviens aussi précisément du 19 août 2008, le jour des dix-huit ans de

Mathias et Florentin. L'équipe des jeunes avait un match avec le Celta ce jour-là, et Florentin a marqué un très beau but : frappe de loin, 30 mètres, lucarne. Il me l'a aussitôt dédicacé, en me pointant du doigt depuis le terrain.

Je souris en repensant à Paul, concentré, en train de retravailler ses gestes et sa technique avec une balle de tennis qui s'échappait souvent entre les meubles de sa chambre de la cité océane. Les parties de Monopoly, de baby-foot. Comme il grognait quand on le punissait, et qu'il devait passer ses rares moments de liberté à nettoyer le minibus du centre de formation ou aider à en retaper les murs. Il aimait chahuter, lancer des défis à ses amis. Ils se regroupaient parfois en cercle, que l'un d'eux brisait tour à tour pour en occuper le centre et esquisser quelques pas de danse. Le sourire étincelant de mon fils au moment de m'annoncer qu'il était sélectionné pour jouer avec l'équipe de France des moins de seize ans, son bonheur de porter le fameux maillot tricolore, son envie d'en être un élément moteur. Ses excès, ses larmes de colère lorsqu'il perd.

Paul est désormais guidé par un jeune agent, Gaël Mahé, qui nous a été présenté par l'intermédiaire de l'un des observateurs du HAC en région parisienne. Antoine et moi avons décidé de lui confier un mandat de représentation jusqu'à la majorité de notre cadet. Nous sommes en confiance avec ce Breton attentif et enthousiaste qui débute dans le métier.

Au début, personne ne fait attention à lui ; c'est seulement quand notre fils se met à briller avec l'équipe de France junior que le HAC lui propose enfin de signer un contrat professionnel. Pour Gaël, cela aurait déjà dû être fait depuis un moment : à ses yeux, il est tout à fait anormal qu'il ne dispose même pas, à ce stade, d'une convention de formation. « Tout cela n'est pas très régulier, répète-t-il, étonné de constater que le club ne semble pas croire plus que ça au talent de notre enfant. Il faut faire attention, ne rien signer qui pourrait le bloquer. »

Paul rumine ; il a l'impression de ne pas être tout à fait considéré à sa juste valeur. Ses qualités crèvent les yeux pourtant, plusieurs clubs prestigieux, comme l'Olympique lyonnais, se montrent intéressés. L'un d'eux surtout, et pas des moindres : un rendez-vous est organisé avec des représentants de Manchester United au printemps 2009, peu de temps après le seizième anniversaire de notre fils, qui vit un rêve tout éveillé. Antoine aussi se montre fébrile ; son humeur est festive, je ne l'ai jamais vu comme ça !

C'est en petit comité que nous décollons pour l'Angleterre, invités à visiter les installations du club et rencontrer le manager de l'équipe, Sir Alex Ferguson. Dans la cité mancunienne, les dirigeants des Red Devils nous traitent avec des égards auxquels nous n'avions jamais eu droit auparavant : ils nous font parvenir un bouquet de fleurs, ainsi qu'un livre qui retrace l'histoire du club. Nous sommes sensibles à ces marques de respect, que Le Havre ne nous a jamais prodiguées. Le recruteur de Manchester United en France, David Friio, a offert à Antoine une cravate rouge du club, qu'il arbore fièrement.

Dans le centre d'entraînement, je manque de tomber à la renverse en croisant Cristiano Ronaldo, qui se montre charmant. Après une visite du stade, nous sommes reçus dans le bureau de Ferguson. Comme nous ne maîtrisons pas l'anglais, tout ce qu'il dit nous est traduit. Ses explications n'ont rien d'expéditif, il prend le temps, répond à toutes nos questions. Nous en ressortons au bout d'une heure environ, enchantés et convaincus.

Paul nous demande notre avis, bien sûr, mais sa décision est déjà prise : il suivra sa chance. Le petit est ainsi : dès lors qu'il a une idée en tête, plus rien ne peut le raisonner. Tête dure, il va jusqu'au bout, déterminé, sans jamais douter de lui-même. Cela peut agacer, de telles certitudes. Mais, dans son métier, c'est une qualité inestimable. Il va droit au but, sans dévier.

Son arrivée à Old Trafford ne se fera pas sans heurts. À l'annonce du transfert, en juillet 2009, le club normand, qui ne lui a jamais rien proposé, refuse de le lâcher. Le président du Havre Athletic Club, Jean-Pierre Louvel, qui préside aussi l'Union des clubs professionnels de football (UCPF), fait pression et menace. Il dénonce tantôt les pratiques de Manchester, accusé d'avoir « volé » Paul, tantôt nous, ses parents.

Pour moi, cet épisode est très déstabilisant : je ne connais pas encore bien ce monde-là, évidemment, mais j'ai toujours mis un point d'honneur à faire les choses dans les règles, au carré. C'est comme ça que j'ai élevé mes enfants ; cette honnêteté, je me la dois à moi aussi. Dans la presse sportive et internationale, des articles paraissent à ce moment-là, qui croient savoir que nous aurions accepté la proposition de Ferguson contre une grosse somme d'argent. Je lis même qu'on m'aurait offert une maison… Tout cela est complètement faux, il n'en a même jamais été question ! Comment peut-on penser que je pourrais chercher à vendre mon enfant ?

C'est bizarre de lire son nom dans les journaux chaque matin, accompagné de choses insensées. Cela me choque profondément ; j'ai l'impression qu'on cherche à me salir gratuitement, j'ai du mal à m'y habituer.

« Il ne faut pas y prêter attention, balaie Antoine négligemment, ça passera. » Nous sommes totalement sur la même ligne, tous les deux, sur ce coup-là.

Avec le HAC, cela se finira devant les tribunaux. Le club tente le tout pour le tout afin de nous faire plier. Après de longues négociations, un accord à l'amiable est finalement trouvé entre Manchester et Le Havre, avec une compensation financière à la clef. Il sera officialisé en mai 2010. Avec cette histoire, je prends conscience de l'importance des enjeux, des sommes misées. Tous autour de mon fils veulent croquer, et ont bel appétit… Il faudra désormais que je me méfie – je ne compte pas laisser quiconque manger la laine sur son dos !

Protégé au maximum par ses proches de toutes ces péripéties, Paul s'envole pour l'Angleterre. Il semble content, et c'est le principal à mes yeux. Quant aux jumeaux, ils ont dû se séparer, pour la première fois de leur existence, mais sont de retour en France : Florentin fait un essai concluant au CS Sedan Ardennes et signe dans la foulée un contrat de stagiaire dans le club ardennais ; Mathias rejoint le Quimper FC, dans le Finistère.

13

Manchester

J'ouvre les yeux dans la pénombre d'un appartement silencieux. Il me faut encore quelques minutes, le matin, pour réaliser où je suis. Quelques minutes pour rassembler mes esprits. Après un coup d'œil au réveil, qui indique le proche lever du jour à grand renfort de chiffres rouges luminescents, je me déploie lentement, quittant les draps chauds à regret pour me diriger vers la porte de la chambre de Paul. Comme quand il était petit, je m'approche de son lit à tâtons jusqu'à pouvoir lui tapoter l'épaule.

« Debout, Paulo, ne te mets pas en retard ! »

Mon benjamin souffle, soupire et s'entortille dans sa couette. J'ouvre la fenêtre près de son chevet pour laisser passer un peu d'air frais dans la pièce. Nous vivons depuis peu en Angleterre, dans la ville de Manchester, à 260 kilomètres au nord-ouest de Londres.

Paul est arrivé quelques mois avant moi, à l'été 2009, logé d'abord chez une famille d'accueil. Le couple a une fille à peine plus jeune que Paul, Jessica. Lui est professeur de géographie, son épouse travaille pour une grande société d'informatique américaine. Tous deux sont passionnés de golf, qu'ils pratiquent quotidiennement, quelle que soit la météo. Ils vivent dans une petite maison anglaise typique, en briques rouges et sur deux étages, dans le quartier de Sale. Les terrains d'entraînement de l'Academy de Manchester United sont tout près, ce qui est pratique.

Je découvre cela lors de l'un de mes nombreux allers-retours entre Roissy et le Royaume-Uni. Les jumeaux sont désormais majeurs ; nous sommes proches et nous appelons souvent, mais ils ont moins besoin de moi à présent, ils vivent leur vie. Pour le petit, c'est différent. Son anglais est encore très hésitant ; il progresse, indéniablement, mais pas aussi vite qu'il le voudrait. J'ai peur qu'il se sente seul, ait du mal à s'intégrer, à trouver sa place dans ce pays qu'il ne connaît pas encore bien.

À force de trajets pour rendre visite à mon fils, je me suis liée d'amitié avec la secrétaire de l'hôtel dans lequel j'ai pris mes habitudes, géré par un couple d'Indiens particulièrement sympathiques. Je commence à réfléchir : pourquoi ne pas rester ici pour m'occuper de Paul, continuer à veiller sur lui ? L'aînée de mes filles, Moussokoro, vit chez une cousine en région parisienne. La cadette, Marie-Yvette, a choisi l'Angleterre pour poursuivre ses études. Elle s'est installée à Londres, où vivent déjà plusieurs de mes demi-frères. Ensemble, mes parents ont eu quatre enfants, mais nous sommes douze en comptant ceux nés d'autres unions.

Me voilà libre comme l'air, à trente-neuf ans, pour la première fois depuis bien longtemps. Plus de mari, les enfants envolés. J'ai envie de me rapprocher de Paul, qui n'est encore qu'un adolescent, pour l'entourer et le protéger. Lui permettre d'avancer serein, dans de bonnes conditions, en m'assurant qu'il ne manque de rien.

Je ne tarde pas à faire le grand saut, en prenant un appartement de deux chambres duquel on accède facilement au stade en voiture. Mon fils est à l'école le matin ; en attendant son retour, je range un peu sa chambre, fais le lit, puis m'en vais me balader un peu dans le petit centre commercial qui se trouve juste à côté. Après en avoir fait le tour sans me presser, je rentre préparer le déjeuner. Au supermarché et dans les magasins de produits exotiques, je trouve les bananes plantain qu'il me faut pour préparer l'alloco, un plat que Paul aime bien, avec de la viande ou du poisson.

La solitude ne me gêne pas – j'ai toujours aimé ça. J'ai commencé à apprendre l'anglais avec un professeur particulier qui vient chez nous l'après-midi, tandis que Paul est à l'entraînement. Cette nouvelle vie me convient, et je crois qu'à mon fils aussi.

Pour chacun de ses matchs, Paul me prend un billet d'entrée : je vais les regarder presque tous, ceux de la semaine comme ceux du week-end. Il arrive que je sois quasiment seule dans les tribunes, à applaudir et à crier bien fort pour l'encourager.

« Allez la Pioche ! C'est bien, continue comme ça ! »

Partout, tout le temps, il sait que je suis là. Son regard balaie parfois les gradins jusqu'à me trouver, comme quand il était petit et voulait s'assurer que je le regardais. Bien sûr que je regarde : tu peux y aller, sois tranquille, je ne te quitte pas des yeux.

D'autres parents de joueurs m'accompagnent quelquefois : j'apprécie la compagnie de ceux du Belge Adnan Januzaj, qui sont d'origine kosovare. Ils sont arrivés à Manchester en 2011, sans y connaître personne. Depuis, ce sont nos voisins, et Adnan est devenu l'un des meilleurs copains de mon fils. Il arrive qu'on fasse des activités tous ensemble, qu'on aille faire le marché ou se promener à travers la ville.

Oualid Tanazefti est finalement venu y vivre aussi. Recruteur en Île-de-France pour Le Havre, il a été l'un des premiers à parier sur Paul, alors que celui-ci était encore à Torcy. Quelques semaines après la signature de mon fils pour Manchester United, Oualid, âgé de seulement vingt-quatre ans, s'est lancé à son compte comme conseiller sportif. Il est vite devenu indispensable dans la vie de mon enfant, qu'il rêve de voir un jour remporter le Ballon d'or, une récompense prestigieuse attribuée chaque année au meilleur joueur de football au monde, sans distinction de championnat ni de nationalité. Ronaldo, l'attaquant portugais des Red

Devils, l'a reçue en 2008. Également nommé l'année précédente, il avait terminé deuxième derrière le Brésilien Kaká, milieu offensif de l'AC Milan.

« Un jour ou l'autre, ce sera le tour de Paul », prophétise le jeune homme avec ferveur. En attendant, c'est Lionel Messi qui rafle la mise la plupart du temps !

Oualid y croit dur comme fer et entreprend de constituer une équipe autour de mon fils. Pas une semaine ne passe sans que nous soyons présentés à un nouveau préparateur sportif, posturologue ou nutritionniste. J'essaie de freiner ses ardeurs quand il s'emballe et parle de faire du nom de Paul une marque mondiale. C'est lui encore qui nous présente un agent italo-néerlandais qu'il dépeint comme la crème de la crème, un certain Carmine Raiola, dit Mino. Nous le voyons débarquer un beau jour à l'appartement, jean usé, ventre proéminent. Polyglotte et tchatcheur, lui non plus ne tarit pas d'éloges à propos de mon fils. C'est un homme drôle, cash et séduisant. Paul est sous le charme, forcément, quand il nous raconte comment il a fait signer Zlatan Ibrahimović à la Juventus en 2004, au dernier jour du mercato estival.

Paul, sous le numéro 8, a fait d'excellents débuts avec l'Academy. Il s'intègre rapidement, rivalisant avec plaisir avec un jeune Anglo-Jamaïcain prometteur, Ravel Morrison, dont j'entends parler à presque tous les repas ! La compétition, tous deux adorent ça ; les défis aussi. Mon cadet voit régulièrement certains joueurs de l'équipe première, comme les Français Patrice Évra et Gabriel Obertan. Il ne manque jamais une occasion de discuter avec eux, profiter de leur expérience et plaisanter comme il sait si bien le faire. Il admire également beaucoup les Britanniques Rio Ferdinand et Paul Scholes. Ce dernier surtout, dont il apprécie la rigueur et la soif de dépassement sur le terrain. À l'entraînement, Paul partage avec lui la même philosophie : continuer à s'exercer même quand les autres sont partis, être toujours le dernier à quitter les lieux, refaire les mêmes gestes encore et encore jusqu'à les maîtriser à la perfection.

Match après match, Paul prend de l'assurance. Le 16 mars 2010, au lendemain de de son dix-septième anniversaire, il signe un contrat pro avec Manchester. La veille, Florentin a fait la même chose avec Sedan.

Nous ne nous lassons pas de fêter ces succès, qui sont ceux de toute la famille.

Cette même année, Mathias arrive à son tour en Angleterre : après une période d'essai réussie au mois d'août, il rejoint l'équipe galloise de Wrexham, un club de cinquième division. La ville ne se trouve qu'à 90 kilomètres environ de Manchester, ce qui nous permet de vivre ensemble à nouveau – nous quittons alors notre appartement pour nous installer dans une petite maison.

À la fin de l'année 2010, Paul est appelé à jouer en réserve avec Manchester United, ce qui lui permet de fréquenter les plus grands. Il est désormais autorisé à s'entraîner avec eux et reçoit son numéro en équipe première, le 42. Il ne sera appelé sur le terrain à leurs côtés, comme remplaçant, qu'au cours de l'automne suivant. Mon fils voudrait jouer davantage avec le maillot rouge, montrer toute l'étendue de ses capacités. Il se sent vite frustré par les choix de Ferguson, qui ne le fait pas rentrer assez à son goût.

« Il ne me laisse pas ma chance », enrage-t-il, blessé de se sentir sous-estimé.

Les mois succèdent aux mois, sans que rien ne change d'un iota. Paul, qui n'en finit plus d'espérer, ne pensant qu'à cela jusqu'à l'obsession, voit soudain une occasion à l'annonce de la retraite de Paul Scholes. Cette fois, c'est pour lui, il en est certain. Contre toute attente, Scholes est finalement rappelé de sa retraite : Paul est désespéré. Entre Ferguson et lui, quelque chose s'est brisé.

« Il ne te laisse que des miettes, alors que tu es prêt, l'aiguillonne Mathias. S'ils refusent de te faire jouer, autant aller voir ailleurs. »

Pourquoi Ferguson ne veut-il pas le passer titulaire ? Toute la famille bout de colère. Le contrat de Paul, signé en 2009 pour trois ans, arrive à échéance. Le club pousse pour qu'il le prolonge, mais nous n'avons plus confiance. Les choses vont trop lentement ; mon fils veut jouer dès maintenant, il ne se console plus de promesses.

Mino Raiola examine la situation, prend des contacts, négocie, et revient nous voir avec des propositions. Je réunis alors toute la famille, pour que nous prenions ensemble une décision. Après des heures de discussions, nous optons pour la Juventus de Turin : Paul, Mino et Oualid vont voir l'entraîneur d'Old Trafford dans son bureau pour le lui annoncer.

Pour convaincre Paul de rester, ce dernier croit bon de nous envoyer Patrice Évra, devenu un ami. Nous l'accueillons avec chaleur, sans que sa venue change quoi que ce soit.

Un soir, j'entends frapper à la porte de notre domicile. Nous n'attendons pourtant personne ce jour-là. Mathias ouvre la porte à Sir Alex Ferguson, qui a fait le déplacement en personne. Depuis le canapé du salon, j'assiste médusée à ces négociations improvisées. Le manager de Manchester United déploie ses arguments un à un : Paul doit prendre patience, son tour viendra ; il aura à coup sûr davantage de temps de jeu dans les prochains mois.

« Son avenir est en Angleterre, pas en Italie », jure l'Écossais.

C'est trop tard : Paul et Mathias n'en démordent pas. La décision familiale est irrévocable. Le ton monte, chaque partie reprochant à l'autre un prétendu manque de respect. Inutile de palabrer ; nous partons. Au cours des quelques mois suivant cette visite stérile, et avant son transfert, Paul ne jouera plus du tout. C'est tout ce que son entraîneur a trouvé pour le punir : l'écarter du terrain. Mon enfant passe ses matchs sur le banc, humilié et défait. Un jour, il s'effondre même en pleurs dans le bureau du manager.

Nous essayons tous de l'apaiser, mais rien n'y fait : sa désillusion est trop vive. Mon fils dort mal, a perdu sa bonne humeur, est à cran. Il est tiraillé un moment, pris en étau entre son attachement pour Manchester et son envie de sortir de cette situation inconfortable, envenimée à un point qu'il n'aurait jamais imaginé.

À l'été 2012, nous retraversons la Manche, de l'Angleterre vers la France. Je retrouve notre appartement de la Renardière, à Roissy-en-Brie, que j'ai continué de louer ; Paul, lui, s'envole pour l'Italie.

14

Racines

La vie est un tumultueux courant. Tantôt elle vous accable, ne vous laissant aucun repos, tantôt elle se plaît à mettre du miel sur vos plaies, alors que vous étiez sur le point de ne plus croire en rien. Quelle logique ? Je ne sais pas ; mais, s'il y a une chose dont je suis certaine, c'est qu'il ne faut jamais désespérer, ni baisser les bras. Tout peut changer tellement vite : il faut se battre, ne jamais renoncer. Je l'ai répété maintes fois à mes enfants ; je voudrais le dire également à toutes les femmes abandonnées, délaissées. À celles qui tiennent leur famille à bout de bras, celles qui sont victimes des pires injustices, celles qui sont obligées de sauter des repas pour économiser, celles qui se chargent des pires corvées, celles dont les droits sont bafoués. C'est dur, bien sûr – je connais bien l'amertume des sacrifices, des renoncements. Mais il y a des éclaircies, quelquefois. Et l'on sait d'autant mieux en profiter que l'on sait par quoi on a dû passer.

Ces dernières années, la route s'est comme ouverte sous mes pas. J'ai connu si peu d'accalmies, depuis l'adolescence, que cette sérénité m'a d'abord paru presque trop belle pour être vraie. Maintenant que les garçons gagnent leur vie, je crains moins le lendemain ; j'ai moins peur de faillir, de perdre pied, de ne pas m'en sortir. Dans les magasins, je n'ai plus autant besoin de comparer chaque prix, de passer du temps à chercher moins cher, à traquer toutes les promotions pour gagner quelques centimes seulement. Sans ce poids constant sur la poitrine, on respire déjà mieux, on est plus assuré.

Sur le plan financier, mes trois fils tiennent à m'aider. Chacun son tour, plaisantent-ils. Sans contrainte pour la première fois depuis longtemps, je réfléchis à ce qui me ferait vraiment envie. La première chose qui me vient à l'esprit, c'est mon pays.

En 2009 est arrivée une nouvelle inespérée, qui m'emplit de joie : Florentin m'appelle un matin pour m'annoncer qu'il a été approché par l'équipe nationale guinéenne. C'est sa première année à Sedan : il joue encore avec la réserve, même s'il s'entraîne déjà avec les pros. Mon fils est honoré, très enthousiaste à l'idée de représenter notre pays natal, qu'il a quitté alors qu'il était encore bébé sans avoir pu y remettre les pieds depuis. De mon côté, peu de choses pourraient me faire plus plaisir ! Il accepte sans hésiter de rejoindre cette équipe que nous avons toujours supportée, fier de porter ses couleurs.

Cette même année, il fait partie du groupe, mais on ne le fera pas jouer. La suivante, l'équipe change d'entraîneur : le nouveau sélectionneur, Michel Dussuyer, un Français, fait à nouveau appel à mon fils de dix-neuf ans pour disputer un match amical contre le Mali, en août 2010. La rencontre a lieu dans le sud de la France, à Marignane, près d'Aix-en-Provence. Florentin, remplaçant, rentre pour la seconde mi-temps. Les Guinéens s'imposent 2-0. Les membres du Syli national sont attendus à Conakry peu de temps après. Ce moment, à mes yeux, revêt une importance particulière. Je rejoins la capitale un peu avant lui, toute à mon envie de l'accueillir et d'accompagner son premier voyage au pays.

Les joueurs de l'équipe sont logés dans un hôtel de la presqu'île de Kaloum. Nous nous y rendons en délégation, avec de nombreux membres de la famille qu'il ne connaît encore que de nom : tonton René et tante Julienne sont de la partie, ainsi qu'un petit-cousin qu'on surnomme Papi. Je fais les présentations, réponds à toutes les questions et donne des explications, radieuse, avec aux lèvres un sourire qui ne me quitte jamais.

« Florentin, mon fils, tu es revenu ! » s'exclament mes proches en le rencontrant. Mon aîné, du haut de son mètre quatre-vingt-neuf, se prête sans rechigner aux embrassades, aux accolades dont on le gratifie. C'est une vraie fête, qui dure des jours entiers ; tout le monde s'est vêtu pour l'occasion de ses plus belles tenues, robes de pagne colorées aux coiffes accordées, pantalons de costume et vestons. Mon téléphone ne cesse pas de sonner.

Un événement est organisé en l'honneur de l'équipe guinéenne au stade du 28-Septembre, là où tout a commencé. Tout un symbole ; mes yeux s'embuent à cette pensée. Les membres de la famille des joueurs du club sont invités à les applaudir depuis la tribune présidentielle. En regardant Florentin entrer à petites foulées sur ce terrain qui a marqué ma jeunesse, j'ai un seul regret : que mes parents bien-aimés, Mathias Fassou et Moussokoro, ne soient plus là aujourd'hui pour assister à cela…

Dans l'avion qui me ramène en France, je me fais un serment : à la première occasion, je reviendrai faire visiter notre pays à mes trois fils réunis.

Cette aubaine que j'attends avec impatience se présentera un peu moins d'une année plus tard. Paul, au printemps, a fêté en Angleterre ses dix-huit ans ; les jumeaux approchent de la vingtaine. Nous partons au mois de juin 2011, juste après le tournoi de Toulon, une compétition réservée aux sélections internationales des moins de vingt et un ans. Florentin vient d'y participer avec les Bleuets – les règlements de la FIFA autorisent les bi-nationaux à changer de sélection tant qu'ils n'ont pas été sélectionnés chez les A en compétition officielle –, qui échouent en finale contre la Colombie lors des tirs au but.

Les championnats sont terminés, mes trois fils disponibles pour quelque temps. C'est le bon moment : je m'empresse de leur proposer ce voyage, et nous partons.

La famille vient nous accueillir à l'aéroport ; je traverse le hall central pour aller à leur rencontre. Mathias, Florentin et Paul me suivent de quelques pas, un peu impressionnés. Nous logerons chez tonton René, dans un quartier calme qu'on appelle la Minière.

Les garçons ne peuvent rester qu'une dizaine de jours, dont ils profitent pour faire la tournée des maquis et des boîtes de nuit avec leurs cousins. Ils s'amusent d'un rien et s'étonnent de tout.

« Les gens nous dévisagent beaucoup, observe Florentin, comment font-ils pour savoir qu'on n'est pas d'ici ? »

Je les regarde tous les trois et souris : à leur façon de marcher, de parler et de s'habiller, ce n'est tout de même pas difficile à deviner !

Dans les rues de la capitale, Paul, surtout, semble surpris ; la pauvreté, les routes balafrées, il n'imaginait pas le pays ainsi. Les Guinéens n'ont pas toujours à manger, observe-t-il, mais partagent volontiers ce qu'ils ont. Partout nous sommes reçus à bras ouverts, accueillis avec chaleur, bien traités. Nous faisons le tour des différents quartiers de Conakry au gré des invitations de tous ces gens avec qui nous avons un lien de parenté. Je suis tellement heureuse de les revoir enfin, de les retrouver.

Le football est un langage universel : les enfants échangent des frappes pour le plaisir dans les cours des maisons, rencontrent d'autres jeunes de leur âge passionnés de ballon rond. Trois fils footballeurs, partout où nous passons, cela fait son petit effet !

Les moustiques sont omniprésents, annonciateurs de la proche saison des pluies – celle-ci est terrible en Guinée, elle peut tomber très dru et sans aucune interruption pendant des mois entiers. Les premières gouttes sont une libération : petits et grands se précipitent hors des maisons, heureux de profiter d'une fraîcheur bienvenue. Après toute une saison sèche et poussiéreuse, le retour de l'eau s'apparente à une bénédiction. Certains en profitent pour se laver dehors, munis de crèmes et de savons moussants. Mais au bout de quelques mois, quelques semaines déjà, ce n'est plus la même affaire : l'humidité s'est infiltrée partout, matelas et sommiers vont pourrissant et seront à changer. Le sol de latérite n'est plus que gadoue carminée. Au bord des routes, les vendeurs à la sauvette sont lessivés, leurs stands inondés de toute cette eau dont ils ont fini par renoncer à se protéger.

Mathias, Florentin et Paul ne resteront pas assez longtemps pour en faire l'expérience. Bientôt ils repartent, joyeux et fatigués de s'être tant agités. Le destin les a conduits bien loin de Conakry ; mais désormais ils connaissent d'un peu plus près la terre de leurs ancêtres, leurs racines, qui se trouvent ici.

15

Banlieue feuillue

De mes fenêtres, j'aperçois le parc du Génitoy, très proche. Des arbres, du vert, des jeunes qui traînent en grappes autour du skate-park. Je leur souris, même s'ils sont trop loin pour faire attention à moi. Qu'est-ce qu'on est bien ici… À la Renardière, le regard ne rencontrait jamais que des immeubles similaires, à perte de vue.

À la fin de l'année 2012, j'ai troqué l'appartement familial pour un logement récent dans une résidence de Bussy-Saint-Georges, une petite commune tranquille située à une dizaine de kilomètres de Roissy. Un saut de puce – je tenais à ne pas trop m'éloigner de l'endroit où les petits ont grandi.

J'ai cessé de courir les CDD pour ne plus me consacrer qu'à mes fils. Ce logis, ils me l'ont offert avec leurs économies : chacun des trois a contribué à l'achat, en fonction de ses possibilités. À quarante-deux ans, me voilà propriétaire pour la première fois de ma vie – moi qui ne pensais même pas que cela pourrait arriver.

Un jour, vous verrez, j'irai vivre à Bussy ! Cette phrase, pour plaisanter, je la répétais aux enfants depuis des années. Sans forcément imaginer qu'un jour ce serait vrai. J'ai découvert la ville par hasard, à l'époque où j'étais aide à domicile pour une société de services à la personne d'Ozoir-la-Ferrière. Tous les soirs, la journée terminée, je déposais en voiture un jeune collègue congolais à la gare. J'ai immédiatement été happée par le cadre, le calme qui régnait à Bussy. Vivre environnée d'un peu de nature, cela m'a longtemps fait rêver : j'ai désormais la chance de pouvoir habiter au beau milieu de ce que j'appelle avec tendresse ma banlieue feuillue.

L'appartement, tout simple si ce n'est qu'il dispose d'une assez grande terrasse, comporte quatre chambres : la mienne, et une pour chaque garçon. Je ne voulais pas d'un pavillon : comme je suis amenée à m'absenter souvent pour voir mes fils jouer, j'ai d'abord pensé à la sécurité. Cette prudence n'est pas un luxe : un jour, bien plus tard, alors que je me trouve en Guinée, j'apprendrai qu'une habitante de Roissy-en-Brie a été agressée par une bande de jeunes de quartier qui voulaient la rançonner au motif qu'elle me ressemblait. Elle avait beau leur jurer, affolée, qu'elle ne s'appelait pas Pogba, rien n'y faisait : pour qu'ils acceptent de la laisser repartir, la pauvre a dû leur montrer sa carte d'identité… Cet épisode m'a marquée ; je ne sors plus seule très souvent.

Depuis que Paul est à Turin, que mes enfants ont commencé à se faire un nom, tout est devenu plus compliqué. Je ne m'en plains pas, bien sûr, et suis avec bonheur leurs succès. Certaines choses ont changé, pour le meilleur comme pour le pire ; c'est ainsi, je m'y fais. Sans angoisses financières, ma vie s'est largement adoucie. Certains soucis se sont envolés, et je me sens plus légère.

Mon quotidien, pour autant, ne connaît aucun vrai bouleversement : je voyage davantage, me pose un peu moins de questions quand je dois faire des dépenses, voilà tout. Mon mode de vie est resté très ordinaire – c'est lié à l'éducation que m'ont donnée mes parents : *l'argent ne doit pas tourner la tête des gens*. En Guinée, les plus désargentés me demandent très souvent de les aider ; quand je le peux, je le fais. Mais il ne m'est pas possible de cotiser pour tout le monde, évidemment – devoir répondre à tant de sollicitations pressantes s'avère parfois un peu pesant.

Les rapports amicaux sont devenus plus complexes, eux aussi. Il est moins aisé qu'avant de nouer des relations saines, désintéressées. Nous connaîtrons quelques déceptions au fil des années, et aussi de vraies désillusions. La plus terrible, celle à laquelle nous nous attendions le moins, viendra de Oualid Tanazefti. Conseiller de Paul depuis de nombreuses années, il était considéré par toute la famille comme un véritable ami.

À la fin de l'année 2014, Oualid fait signer des papiers à mon fils. Celui-ci, en totale confiance avec lui, ne fait pas attention. Sans s'en apercevoir, il cède l'intégralité de ses droits à l'image à Oualid et son associé, un certain Ylli Kullashi. Nous comprenons la manœuvre quelques semaines après, mais il est déjà trop tard pour faire machine arrière :

nous vivons cela comme une véritable trahison. Mino Raiola est appelé à la rescousse ; l'agent remuera ciel et terre pour faire annuler le contrat, en vain. Le document pourrait même bloquer les futurs transferts de Paul, apprend toute la famille avec stupeur, puisque les grands clubs ont l'habitude de prendre en charge les droits à l'image de leurs joueurs... Paul sera finalement obligé de racheter très cher ses propres droits à l'image, après d'interminables négociations. L'argent est une chose, mais pour mon cadet la blessure est cuisante : il a perdu un mentor, un fidèle de ses jeunes années, sur lequel il pensait pouvoir s'appuyer. C'est tomber de haut que prendre conscience de cela.

Moi qui ne suis pas du tout habituée à ce genre de comportement, je comprends vite que le football est un océan peuplé de grands et de petits squales, aussi féroces les uns que les autres, et qu'il vaut mieux les éviter. La jalousie et l'argent transforment les gens. C'est dangereux, tout peut arriver n'importe quand. Je suis heureusement sereine dans ma tête, posée ; totalement dénuée d'impulsivité. Sans avoir à forcer : c'est mon caractère. Quoi qu'il arrive, je ne m'affole pas. Je prends le temps de bien réfléchir, de trouver des solutions. Sur ce plan-là, les garçons ont de qui tenir, même s'ils oublient parfois ce que je leur ai inculqué. Autant que possible, je préfère me tenir loin du brouhaha – je ne vais jamais sur les réseaux sociaux, ne possède aucune adresse mail personnelle. D'ailleurs, je n'ai même jamais eu d'ordinateur.

Les quatre années de Paul avec le maillot rayé noir et blanc de la Juventus constituent une succession de magnifiques saisons. Jamais auparavant je n'ai senti mon fils si épanoui. Immédiatement passé en équipe première après son arrivée au club, il porte le numéro 6 et peut compter sur le soutien des supporters, qui semblent l'apprécier beaucoup. Il a trouvé un appartement dans un quartier paisible, et avec le club un rythme qui lui convient.

La Pioche se fait plaisir et ose tout, y compris sur le plan capillaire : sa crête, déjà naissante en Angleterre, s'est transformée au fil des mois en dizaines de coiffures toutes plus extravagantes les unes que les autres, qui deviennent sa signature. Les gens s'en amusent, cela fait beaucoup parler. Dégradés de couleurs du bleu vif au blond platine, formes audacieuses (notes de musique, flammes, comètes), figures géométriques : rien ne lui fait peur ! Je partage avec lui cette passion de la transformation physique, nous sommes de vrais caméléons. Longues, courtes, bouclées ou à frange : je possède des dizaines de perruques. J'adore jouer avec, alterner, apercevoir face à moi dans le miroir quelqu'un de toujours différent. Le maquillage, les vêtements, le style enfin, c'est quelque chose de très important pour toute la famille. Tantôt traditionnel, élégant, tantôt inattendu, très extravagant. Paul a pris la relève ; nous adorons faire du shopping ensemble, à Turin ou Milan, en quête du bon vêtement. Celui qu'on remarquera, qui ne laissera personne indifférent. La mode est son péché mignon. Il y consacre d'ailleurs pas mal de temps, n'hésitant pas à se changer plusieurs fois de suite jusqu'à trouver le bon mélange, la bonne association. Parfois, pour sortir, nous nous assortissons. Cette excentricité, cette joie de vivre, ces pas de danse esquissés dès que nous en avons l'occasion, il y a quelques années encore, nous n'aurions jamais pu nous le permettre ; aujourd'hui nous nous amusons, en profitons.

Dans cet environnement favorable, Paul révèle tout son potentiel : sur le terrain, ses résultats sont excellents. Il aime aller vite, tirer fort et de loin ; c'est sa marque de fabrique. Au cours des matchs, il fait de ces coups de canon inaltérables sa spécialité, brillant avec des exploits qui marquent les esprits et resteront dans les annales : pour saluer sa puissance de frappe, les supporters le surnomment désormais « Pogboom » !

Je me rends souvent en Italie, posant mes valises chez lui quelques semaines, le temps de vérifier que tout se passe bien, et de l'encourager. Les membres du club, ses proches, différents observateurs me disent tous la même chose : plus qu'à une confirmation, nous assistons à une révélation. Plusieurs fois sacrée championne d'Italie, la Juve remporte également deux coupes d'Italie : tout lui sourit.

Après deux apparitions en équipe de France A pour des matchs de qualification pour la Coupe du monde 2014 au Brésil, Paul fait partie des vingt et un joueurs retenus pour participer à la Coupe du monde des moins de vingt ans qui se déroule en Turquie à l'été 2013. Capitaine de l'équipe, il se démultiplie, est partout. Les Bleuets se fraient un chemin jusqu'en finale, face à l'Uruguay, et remportent le précieux trophée ; mon fils est même élu meilleur joueur du tournoi. Il s'empresse de m'appeler pour me l'annoncer, afin de me faire partager sa joie. Distinctions et récompenses se mettent à pleuvoir : la même année, en décembre, il est élu Golden Boy 2013, un titre récompensant le meilleur joueur de moins de vingt et un ans évoluant en Europe. Ce Ballon d'or des jeunes, il le dédie d'abord à sa famille, puis à ses camarades de la Juve, au club, aux supporters, ainsi qu'à son agent, Mino Raiola.

Coups d'éclat et records s'enchaînent à fond de train, gâchés par moments par le racisme des *tifosi*, les supporters italiens. Paul serre les dents, simule parfois l'indifférence en entendant des cris de singe résonner dans les stades. Mais je suis bien placée pour savoir qu'il en souffre énormément. En 2014, le président de la Fédération italienne de football, Carlo Tavecchio, ira jusqu'à se permettre de traiter mon fils, qui n'avait rien demandé, de *mangeur de bananes*…

« C'est fini d'être bien gentil, de tendre l'autre joue : il ne faut plus rien laisser passer », se révolte mon enfant, pour qui de tels propos sont tout simplement incompréhensibles.

Le tourbillon des rencontres et des championnats, heureusement, ne lui laisse guère le temps de ruminer. Déjà s'annonce la Coupe du monde 2014 au Brésil. L'équipe de France s'y rend au mois de juin ; Florentin, Mathias et moi avons fait le déplacement au stade Maracanã de Rio de Janeiro pour encourager les Bleus. Malgré leurs efforts et leur bonne volonté, les joueurs de Didier Deschamps sont défaits en quart de finale. Paul est déçu de cet échec face à l'Allemagne au début du mois de juillet, même s'il a livré un match remarquable un peu plus tôt face au Nigeria.

Le benjamin de la famille vit son rêve à fond : à chacun de ses rares moments de liberté, il ne cesse de chanter, danser, tout photographier. Nous prenons en famille le chemin qui mène à la célèbre statue du Christ rédempteur ; elle domine la ville du haut du mont du Corcovado, à 710 mètres d'altitude. Le sourire ne me quitte pas. Nous sommes ensemble dans une ville magnifique, tout près de la plage mythique de Copacabana. La France est éliminée, certes, mais je ne vois plus que des victoires autour de moi. J'embrasse d'un seul regard mes trois fils. Ils sont grands, courageux, passionnés et talentueux. Paul partage son temps entre la Juventus de Turin, en Italie, et l'équipe de France. Florentin entre Saint-Étienne, en France, et l'équipe nationale de Guinée. À laquelle appartient aussi Mathias, depuis 2013, qui s'apprête à quitter son club anglais de Crew Alexandra pour celui de Pescara, en Italie.

J'ai donné naissance à trois internationaux – *ce n'est tout de même pas si courant*, me font remarquer les journalistes. Quand on me demande la recette, cela me fait éclater de rire : je ne peux pas la donner, parce que je ne la connais pas ! Célibataire sans moyens, avec trois puis cinq enfants, j'ai simplement fait tout ce que je pouvais pour les élever droitement, dans le respect des valeurs qui me sont chères. Puissent-ils s'en souvenir.

Antoine a fait pareil de son côté – tournant délibérément le dos au passé, nous avons fait front commun pour élever les garçons. Sans jamais douter d'eux ni de ce qu'ils pouvaient faire, pas un seul instant. Les obstacles qu'ils seraient inévitablement amenés à rencontrer, nous savions qu'ils les surmonteraient. Au fond de moi, j'ai toujours cru qu'ils réussiraient, iraient au bout de leurs projets. Pourquoi en aurait-il été autrement ? Leur vocation impliquait une discipline de fer, peu d'écarts, beaucoup de travail évidemment – d'incalculables heures d'entraînement. S'ils l'acceptaient et se pliaient à toutes ces exigences, j'avais confiance ; je ne voyais même pas ce qui pouvait les empêcher d'y arriver. Travail, confiance, exigence : je ne vois que cela. Peut-être un peu de chance, aussi, à certains moments, et aussi cet accompagnement familial de tous les instants. Je continuerai toujours ainsi, sur cette ligne, envers et contre tous les obstacles qui se dressent parfois sur notre route.

Il y a de si beaux moments. Je mesure ma chance et celle de mes enfants. Dans mon salon, tout autour du canapé et du poste de télévision, se trouvent des centaines de souvenirs amassés. Des photos, des fanions. Toutes les époques mélangées. En tournant la tête j'aperçois un portrait de Paul et moi, habillés pour une soirée de gala. Mon fils porte un costume sombre orné de motifs floraux dorés, un nœud papillon, des lunettes et une crête bicolore. J'ai opté pour une longue robe noire, seulement réveillée d'un trait de dentelle immaculée. Nous rayonnons, fiers de nous trouver là ensemble pour la soirée du

Ballon d'or 2015 France Football organisée en Suisse, à Zurich, le 11 janvier 2016.

Paul avait déjà fait partie des nommés l'année précédente, pour la toute première fois de sa carrière adulte, mais j'étais restée assez éloignée de ça. Cette fois, c'est différent ; je reçois un appel joyeux de son avocate brésilienne, Rafaela Pimenta :

« Ton fils est sur la liste, il est considéré comme l'un des meilleurs joueurs du monde ! »

Peu de temps après, c'est lui qui m'appelle, pour me proposer de l'accompagner à la cérémonie. J'accepte aussitôt, excitée et flattée. Une marque de luxe italienne nous habille ; nous faisons des essayages dans une boutique de Milan. Tenue spéciale pour l'événement, de la dentelle, du noir et du blanc.

Le soir de la réception, dans le sillage de mon fils, je rencontre Lionel Messi, Cristiano Ronaldo, Neymar. Les plus grands noms du football – d'immenses stars. Ils me saluent gentiment ; je suis infiniment émue. C'est l'international camerounais Samuel Eto'o qui présente l'événement. Nous repartons finalement sans le trophée, mais heureux comme des rois. J'espère qu'il le remportera un jour, évidemment, mais il a encore bien du temps.

Mon regard court sur les murs de l'appartement. On y voit des photos des jumeaux, radieux, avec différents maillots sur le dos. Un peu plus loin, Paul en pleine célébration après un but, bras gauche déployé à l'horizontale, tête inclinée dans le creux de son coude droit. Fin 2015, il a largement contribué à populariser le *dab*, ce pas de danse figé lancé par des rappeurs d'Atlanta, aux États-Unis. Là-bas, tout le monde s'y est mis : les joueurs de la NBA, les chanteurs, et même Hillary Clinton, candidate à la présidence du pays. Paul l'importe en Europe, et bientôt tous les footballeurs le font !

Dans des cadres trônent aussi des images en noir et blanc de mes parents au temps de leur jeunesse, graves et dignes, avec et sans enfants. Sont également présents des proches et des amis souriants. Entourée de tous ces clichés, je me sens presque invulnérable.

Ils me font oublier les tracas liés aux blessures de mes enfants, les périodes dures ou décevantes. Nulle trace dans la pièce de l'Euro 2016 : une compétition à la maison, chez nous, au Stade de France, au mois de juillet. L'équipe de France perd en finale face au Portugal, 0-1, après prolongation. Toute la famille s'était réunie à Bussy avant d'aller assister au match. Les Bleus sont abattus : après avoir éliminé l'Allemagne en demi-finale, ils pensaient avoir fait le plus dur. L'équipe s'est montrée trop confiante ; la surprise est dure à encaisser. Paul, surtout, qui déteste perdre, est déstabilisé. Ce loupé, il mettra longtemps à le digérer. Son moral, cet été-là, est très bas.

Peu de temps après nous parvient pourtant une nouvelle tellement extraordinaire qu'elle éclipse totalement ce fiasco : le 9 août 2016, Paul est transféré de la Juventus de Turin à son ancien club de Manchester United pour la somme de 105 millions d'euros. Au moment de sa signature, mon fils de vingt-trois ans devient le joueur le plus cher de l'histoire.

16

CÉLÉBRATIONS

Il faut célébrer l'existence : je m'y applique, chaque jour que Dieu fait. Il y a des passages difficiles, c'est vrai – comment faire autrement ? Sans eux, on ne profiterait pas autant des moments de répit qu'elle nous accorde. Des périodes de grâce, des bonheurs simples en famille, des projets qu'on lance et qui ont l'air fous, mais qu'on parvient à force de volonté à les mener jusqu'au bout. Nous sommes là, nous sommes debout.

J'ai souvent l'impression de revenir de loin. J'ai connu des déracinements, des déclassements, des déchirements. Malgré les crises que nous traversons, la joie, elle, est toujours là. Je l'ai en moi, et les garçons également. Elle vacille quelquefois, mais ne s'éteint pas. Notre optimisme, cette bonne humeur, ce désir de filer droit, c'est ce qui nous caractérise : adeptes de la pensée positive, nous ne simulons pas. Nous cultivons le mental, sur le terrain et en dehors. En dansant – la Pogdance, comme disent les garçons ! –, en chantant, en s'encourageant. C'est ce qui nous unit.

Quand on nous demande si ça va, nous affirmons : ça va toujours ! Aux sollicitations des uns et des autres, nous répondons : pas de problème. Aux situations qui semblent bloquées, on trouve toujours des solutions. Pour faire face, nous nous réunissons en conseil de famille. C'est ainsi, chez nous, que sont prises les décisions.

*

Je savais bien que cela finirait par arriver un jour ou l'autre : deux de mes fils s'apprêtent à se rencontrer pour un match qui oppose Saint-Étienne et Manchester United en seizième de finale aller de la Ligue Europa. Au moment du tirage au sort, Florentin était en visio avec Paul. Ils m'appellent pour m'annoncer ensemble la nouvelle, très excités.

La confrontation aura lieu à Manchester, le 16 février 2017.

« Tu soutiens quelle équipe ? n'en finissent pas de s'amuser les garçons. On veut savoir, il va falloir faire un choix... »

Il n'en est pas question, évidemment ; je m'amuse de les voir mettre en scène une rivalité qui n'existe pas.

« On va vous écraser, promet mon cadet à son grand frère.

– Dans tes rêves : je vais être sans pitié », riposte Florentin en riant.

Toute la famille entend bien assister à ce match très particulier. Mais quel maillot porter ? Sarah, la compagne de Flo, a une idée. Elle crée un maillot vert et rouge, aux couleurs des deux équipes. Il est floqué Pogba dans le dos et porte deux numéros : le 19 du Zer, et le 6 de la Pioche. Problème réglé, et en beauté !

Il y a de l'ambiance, à Old Trafford, ce jour-là. Paul a réservé une partie des tribunes pour accueillir parents et amis. Moussokoro et Marie-Yvette, Binta, Demsy, Mamadou... Nous sommes une vingtaine en tout, arrivés la veille pour la plupart. Certains ont réservé des hôtels, d'autres dormiront chez Paul. Dans ce joyeux bazar, on nous repère de loin : nous avons tous revêtu ce maillot unique que nous portons fièrement.

Je rêve d'un match nul – pas de gagnant, pas de perdant.

Les choses s'annoncent très bien : Florentin et Paul rentrent bras dessus, bras dessous sur le terrain. En les voyant marcher côte à côte sous les cris et les applaudissements de plus de 30 000 spectateurs, je ne peux m'empêcher de pleurer d'émotion. Assise tout près de moi, Sarah, enceinte de cinq mois, est dans le même état. Nos regards se croisent et nous nous sourions, rayonnantes et complices.

Les Red Devils l'emportent finalement sur un impressionnant triplé de Zlatan Ibrahimović. Les deux frères repartent exactement comme ils sont venus : ils quittent la pelouse en discutant, heureux de notre présence pour ce combat pas si fratricide que ça. Tous rassemblés dans la maison de Paul pour la soirée, nous célébrerons les deux garçons en dansant jusque tard dans la nuit.

Le match retour a lieu à Saint-Étienne moins d'une semaine plus tard, le 22 février, dans le « Chaudron », à Geoffroy-Guichard. Encore une fois, nous sommes tous présents. Autour de nous se trouvent même encore plus d'amis, avec lesquels les enfants ont grandi à Roissy-en-Brie. La famille de Sarah est venue elle aussi. La jeune femme s'est démenée pour organiser les arrivées des uns et des autres, réserver les hôtels, tout préparer.

Les joueurs de l'ASSE tentent de renverser les rôles, ils en veulent. Pendant une quinzaine de minutes, Florentin et Paul sont en confrontation directe. Ils nous offrent même un duel de la tête, sautant exactement au même moment pour attraper une balle en l'air : c'est l'aîné qui la récupère. Cela ne suffit pas aux Verts, qui s'inclinent 1-0.

Cela nous est totalement égal : ce qui se joue est au-delà du résultat. Nous profitons à fond de ce moment d'exception. Sur ma joue, les caméras saisissent une larme – la seconde en moins d'une semaine ! Ce n'est pas tellement mon genre, d'ordinaire, pourtant.

Après le match, nous nous réunissons chez Florentin, qui nous reçoit tous à son tour. Le dîner est animé, bouillonnant, chaleureux. Nous parlons fort et nous interpellons volontiers, galvanisés par les événements de cette semaine passée. Nous ne nous séparons pour nous endormir, épuisés, qu'aux premières lueurs de l'aube.

Quelques mois plus tard surviennent deux événements qui chamboulent nos existences, mais dont j'aime mieux ne parler que très peu. C'est tellement intime – je préfère que cela n'appartienne qu'à nous.

Le décès d'Antoine, d'abord, le 12 mai 2017. Le père de mes trois garçons avait soixante-dix-neuf ans, il était malade depuis longtemps. Les derniers mois de sa vie, il les a passés à Manchester, près de Paul. Mon cadet a veillé à ce qu'il reçoive les meilleurs soins, qu'il s'en aille en douceur, bien soigné et bien traité jusqu'au bout. Ses funérailles ont lieu en région parisienne ; il repose au cimetière intercommunal situé entre les villes de Pontault-Combault et de Roissy-en-Brie. Nous nous y attendions, bien sûr, mais sa mort est un coup dur pour mes fils. Ils restent dignes, soudain taiseux, comme réfugiés à l'intérieur d'eux-mêmes.

L'un de nous, parfois, évoque son souvenir. Nous tâchons de ne conserver que les bons moments. Comme ce match Suisse-France joué à Lille dans le cadre de l'Euro, le 19 juin 2016, un jour de fête des Pères. Les trois garçons se sont mis de mèche pour lui faire une surprise : dans les tribunes,

Florentin et Mathias arborent un tee-shirt à message.

Bonne fête papa, y est-il écrit en lettres majuscules. À la fin du match, toujours sur le terrain, Paul enlève son maillot ; dessous, il porte un haut blanc barré du même message. Combien de buts, toutes ces années, auront été dédiés à leur père par nos trois enfants ?

Quelques mois après l'enterrement d'Antoine, en août 2017, je m'envole avec ma sœur Lucie, tante Marie et une poignée d'amis pour La Mecque, en Arabie saoudite. C'est mon premier grand pèlerinage sur cette terre sainte. J'ai toujours rêvé de faire le *hadj*, considéré comme le cinquième pilier de l'islam – un devoir pour tous les musulmans qui en ont les capacités physiques et financières. J'attendais depuis longtemps que mon tour arrive, inscrite de longue date auprès des sociétés chargées de l'organiser. Cette fois, ça y est. Habillés de vêtements blancs, sur lesquels ont été accrochés des badges portant mention de nos noms et pays de provenance, mes amis et moi visitons différents lieux saints : le mont Arafat, Médine, les stèles de Mina…

Pendant plusieurs semaines, nous ne faisons que marcher et prier, nous prêtant aux rituels sous une chaleur accablante, de jour comme de nuit ; pour tenir le choc, il faut boire de l'eau en permanence. Je ne m'attendais pas à tout ce monde, ces millions de personnes qui se pressent, à cause de cela des gens tombent et piquent des crises, les conditions sont dures – nous dormons tantôt par terre, tantôt sous des tentes, c'est très impressionnant. Nous découvrons la Kaaba, ce monument sacré datant du VIIe siècle, qui trône au centre de la grande mosquée. Impossible de décrire le sentiment qui m'habite alors que je tends ma main droite vers la pierre noire enchâssée dans son cadre en argent.

J'ai toujours été une musulmane croyante, mais pas toujours très pratiquante – c'est par mes enfants que j'ai renoué avec la religion. Ils ont d'ailleurs encouragé leur père à se convertir au seuil de ses jours. Ce cadre nous oblige et nous aide tout en même temps.

À la mort d'Antoine succède la naissance de la fille de Florentin et Sarah, en juin 2017.

« Nous avons choisi de l'appeler Mila Yeo », m'annonce Sarah depuis la maternité.

Je m'empresse d'aller rencontrer mon homonyme, submergée de fierté, pour l'accueillir dans ce monde au sein duquel le plus terrible côtoie sans cesse une immense beauté.

17

Flamboyer

Des semaines qu'on l'entend partout. À la radio, à la télévision, et jusque dans les rayons des supermarchés. À chaque coin de rue, la même chanson qui flotte dans l'air et vous entête. Le rythme est simple, efficace. Pas de chichis ; seulement de la joie, des encouragements lancés à haute voix pour remercier l'équipe de France de football ainsi que mon petit, qui a l'immense chance d'en faire partie :

Le milieu est assuré
Attaquant, défense
Paulo, Paulo Paul Pogba
La Pioche Paulo, Paulo Paul Pogba !

Le morceau m'entraîne, c'est plus fort que moi : pieds nus dans le salon, j'attrape au vol une gourde qui traînait sur une table et me lance dans une danse effrénée, en la brandissant au-dessus de ma tête comme un trophée.

Ramenez la coupe à la maison
Allez les Bleus, allez
Vingt ans après on est champion
Allez les Bleus, allez !

Mon fils explose de rire avant de me rejoindre, mêmes petits pas, même déhanché, mêmes mouvements chaloupés. Il se met à chanter ces paroles de Vegedream qu'il connaît par cœur et nous allons ainsi jusqu'au bout du refrain, essoufflés et hilares.

Deux mois plus tôt, le 15 juillet 2018, la France a remporté la Coupe du monde de football pour la deuxième fois de son histoire. On pourrait penser que nous avons eu le temps de redescendre, depuis, de réaliser, de nous calmer. Il n'en est rien en vérité ; nous exultons par intermittence, grisés par un arrière-goût d'euphorie intense.

*

C'est invisible de l'extérieur, forcément, mais une Coupe du monde, pour les familles des joueurs, c'est plus de logistique que de plaisir ! Pour sa 21e édition, la compétition se déroule en Russie. Je veux assister à tous les matchs de Paul et multiplie dès la mi-juin les allers et retours entre le pays organisateur et mon appartement de Bussy. Les proches des footballeurs peuvent emprunter un avion spécial qui leur est réservé pour suivre l'équipe de France. Avant chaque match, je retrouve les parents des coéquipiers de mon fils dans un hôtel proche de l'aéroport. Après chaque match, nous repartons aussitôt, sans perdre de temps.

Je m'entends assez bien avec tout le monde, apprécie les autres mamans – celles d'Antoine Griezmann, de Blaise Matuidi et de Samuel Umtiti notamment. Je me sens bien dans cette effervescence ; Florentin et Mathias m'accompagnent quelquefois, quand ils le peuvent. C'est un véritable marathon, une course de fond : avion, bus, organisation. Tout est chronométré, il ne faut pas traîner, des feuilles de route nous ont été distribuées.

« Suivez le groupe, vite, il faut partir avant les bouchons ! »

De ma valise, j'extrais ma tenue pour le stade : le maillot des Bleus sur le dos, accordé avec mon foulard et mon pantalon, on peut y aller, c'est bon. Je suis stressée tout le long des matchs, me cache les yeux pendant les tirs au but ; Paul est très concentré bien sûr, mais semble, lui, hermétique à toute cette pression.

Nous nous appelons tous les jours au moins une fois, il sait que je suis là. Il me taquine comme à son habitude, ne manquant jamais une occasion de me chambrer. Nous rions beaucoup de nous, plaisantons énormément.

« Mamso, c'est trop blédard ce que tu fais ! » s'esclaffe mon fils quand je lance une visio avec lui et passe mon téléphone à quelqu'un avant même de lui avoir parlé, histoire qu'il dise bonjour. Nous discutons parfois longtemps, quelques dizaines de minutes au cours desquelles il me pose des questions sur l'ambiance et le public, soucieux de mes appréciations.

Cet été-là, l'équipe de France franchit tous les obstacles, creuse son sillon, semble très bien partie. Elle va tout rafler, j'y crois : au moment du huitième de finale, alors que la France rencontre l'Argentine à Kazan, le 30 juin, je décide de rester sur place jusqu'à la fin du Mondial. Quart de finale (Uruguay-France, 0-2) à Nijni Novgorod le 6 juillet, demi-finale (France-Belgique, 1-0) à Saint-Pétersbourg quatre jours après. Je retiens mon souffle, en apnée. Pour penser à autre chose, nous sortons un peu visiter la Russie, l'avocate de Paul et moi. Accompagnée de Rafaela Pimenta, je fais le tour des magasins de souvenirs, dont nous ressortons avec de grands sacs pleins à craquer de poupées gigognes à distribuer à nos amis. En marchant dans la rue, partout où nous passons, j'aperçois des banderoles sur lesquelles se trouve imprimé le visage souriant de Paul. À chaque fois, je suis submergée d'émotions. Les Bleus et leurs familles sont logés dans le même hôtel, mais nous arrivons à peine à nous croiser. Je prie pour lui, qui ne se trouve qu'à quelques étages à peine.

Les jours s'étirent jusqu'à la finale, le 15 juillet, qui oppose la France à la Croatie. Elle se tient à Moscou, au stade Loujniki, qui peut accueillir plus de 78 000 supporters. Les rues de la capitale russe sont animées, noires de monde. Je reçois des messages de soutien par centaines, mon téléphone sonne tout le temps. Des copains, des connaissances, et même de parfaits inconnus adressent leurs messages d'encouragement à mon enfant.

Le clan se réunit à l'hôtel : Mathias, Florentin et Sarah, leur fille d'un an, Mila. Maria, évidemment, que Paul a épousée quelques mois plus tôt, le jour de ses vingt-cinq ans, en toute discrétion. Sont présents aussi des fidèles, comme Mamadou, ami d'enfance de la Pioche et son bras droit, qui vit avec lui en colocation à Manchester.

Le match commence à dix-huit heures. Nous prenons tous ensemble le chemin du stade avec beaucoup d'avance, le temps d'être fouillés et de s'installer dans la partie des tribunes qui nous est réservée. Il y a de l'adrénaline et un peu d'angoisse, je suis pressée que ça commence. Le coup d'envoi est lancé, je frémis et crie à chaque action. Je suis en feu, vis le jeu très intensément. Les buts s'enchaînent régulièrement : à la 18e minute, un joueur de l'équipe croate marque contre son camp. À la 28e, la France encaisse un but. Antoine Griezmann redonne l'avantage sur un beau pénalty à la 38e.

Nous sommes joyeux, mais tendus par l'attente ; je dévore mon fils des yeux. Soudain, après la mi-temps, il s'élance de toute sa puissance, à fond de train, et marque un but éblouissant. Il frappe du droit une première fois depuis l'entrée de la surface, la balle est contrée, mais lui revient immédiatement. Paul tire alors du gauche, d'un tir imparable : 3-1 ! Maria, assise à côté de moi, sautille sur place et m'embrasse – nous nous sommes tous levés spontanément, unis dans un même mouvement.

Dès lors, je n'attends plus que le coup de sifflet final. Il y aura encore un but de Kylian Mbappé, à la 65e minute, et un dernier côté croate, seulement quatre minutes après : 4-2 pour la France, c'est plié. Des larmes d'émotion tremblent au bord de mes yeux. La France est championne du monde. Une nouvelle fois, vingt ans exactement après le Mondial 98. Et mon fils a participé à cette victoire !

Tout est brouillé autour de nous ; étourdie, je ne sais plus où je suis. Seul me parvient encore le tumulte des supporters qui s'époumonent autour de nous, voix et cris de joie mêlés en brouhaha dense. Sous nos pieds, le sol tremble, des confettis dorés tourbillonnent au-dessus de nos têtes.

Sur le terrain, en contrebas, Paul et ses coéquipiers se tombent dans les bras, virevoltent, cabriolent, rient aux éclats. Je le vois enfin qui s'immobilise et nous cherche du regard. Il balaie les rangées quelques secondes avant de nous apercevoir, puis se rapproche et nous fait de grands signes des bras. Au même moment, un membre de l'organisation se fraie laborieusement un passage jusqu'à nous. Il s'arrête devant moi, un peu essoufflé :

« Si vous le voulez bien, votre fils aimerait que vous descendiez. Je suis venu vous chercher… »

Je le suis immédiatement, Florentin ouvrant la route devant nous, Mathias la refermant.

Mon fils cadet, soudain, n'est plus qu'à quelques pas. Il m'ouvre grand ses bras et nous nous étreignons sans rien dire, bouleversés, en ébullition. Paul passe autour de mon cou la lourde médaille de champion qu'il vient de recevoir, et nous tanguons ensemble sur la pelouse, sous une soudaine pluie diluvienne, mes trois fils et moi, avec le fameux trophée d'or dans les bras. Il fait son poids : plus de six kilos ! Nous sortons nos portables et nous mitraillons, multipliant les photos de famille. D'une certaine façon, Antoine aussi est avec nous ce jour-là : pour se porter chance et lui rendre hommage, Paul a porté tout au long du match des protège-tibias à l'intérieur desquels il avait fait imprimer le visage de son père.

« C'est pour vous, cette coupe, me souffle mon fils en se penchant vers moi. Merci pour tout. »

J'attrape l'une de ses mains et la serre fort dans les miennes, sans parvenir à la relâcher avant un long moment. Il y a des photographes partout, des caméras ; nous ne savons plus où donner de la tête, tout est bousculé. Nous enchaînons les célébrations, les *dab*, les gestes incontrôlés. Je suis heureuse comme je ne l'ai jamais été.

La soirée et les jours suivants sont à l'avenant : un tourbillon étourdissant. La fête, après le match, ira jusqu'aux aurores. Des danses, des chants. La fatigue ne me touche plus, j'en voudrais encore ! Mais déjà il faut reprendre le chemin de l'aéroport, rentrer en France, où des millions de supporters attendent l'équipe impatiemment. Un bus est avancé sur le tarmac pour exfiltrer les joueurs et leurs familles, direction l'Élysée. Trois mille personnes ont été invitées dans ses jardins à célébrer l'équipe de France. Nous sommes présentés au président, qui nous félicite chaudement.

Après un discours officiel – au beau milieu duquel mon téléphone portable se met à sonner (il est au fond de mon sac et je mets un moment à le retrouver pour l'éteindre, mon fils me foudroie du regard, je suis penaude comme rarement) –, chaque membre des Bleus se voit remettre la Légion d'honneur. En commençant par leur sélectionneur, Didier Deschamps, qui était capitaine de l'équipe de France en 98.

Paul, qui n'a presque plus de voix à force de s'être égosillé toute la nuit, s'empare d'un micro et fait le show. Leader inépuisable, il se lance dans différents hymnes inventés par l'équipe, et aussi les classiques. Les milliers d'invités de l'Élysée reprennent en chœur, *pour la France hip hip hip*… Les hourras sont d'immenses vagues de joie.

Sur un drapeau français, au marqueur noir, une petite main a tracé en majuscules les lettres RLS. En l'apercevant, quelques-uns sont perplexes. Je sais bien, moi, de quoi il s'agit : Roissy-la-Source, évidemment ! Paul l'a vu aussi. Ses copains de l'époque, la Renardière, il n'a rien oublié. Il enchérit :

« Dédicace à Roissy, Roissy-en-Brie, Paris, la France ! »

Il est chic, malgré la nuit blanche, dans son costume bleu marine. Chemise blanche au col grand ouvert, coupe de cheveux étonnamment sobre, lunettes de soleil aux verres ronds et dorés. Quelques bijoux brillent sur lui sous le soleil de juillet.

Quand c'est fini, nous rentrons tous ensemble dans mon appartement de Bussy. La famille seulement. Exténuée, comblée, soudée. Je me glisse sur le siège passager de l'une des voitures commandées pour nous ramener. Un peu de calme, ce n'est pas désagréable non plus. Machinalement, je tourne le bouton de l'autoradio. La voix qui s'en échappe aussitôt, nous la reconnaissons illico :

Ramenez la coupe à la maison

Allez les Bleus, allez…

Je monte le son et nous nous remettons à chanter et à danser, flamboyants, jamais rassasiés.

18

Bain de foule

Conakry, 2022

Le stade Lansana-Conté est plein à craquer. Avec ses 50 000 places assises, c'est le plus grand de la Guinée. Les clameurs des spectateurs, installés dans les tribunes depuis plusieurs heures, nous assaillent dès l'entrée. Je me faufile jusqu'aux vestiaires, zigzaguant comme je peux entre les groupes serrés de supporters. À mon passage s'élève une forêt dense de bras levés, téléphones portables en mode photo à leur extrémité.

« Regardez qui est là ! C'est notre maman nationale ! » s'exclame à l'unisson une bande de jeunes en me reconnaissant. Je baisse la tête et souris à part. Pas le temps de s'arrêter ; pour les selfies, on verra après.

Je m'extirpe tant bien que mal de la cohue jusqu'au seuil des larges portes qui mènent à la pelouse. Paul n'est qu'à quelques pas derrière. Arrivé à ma hauteur, il s'immobilise, le visage fendu d'un sourire éclatant.

« Prête, Mamso ? »

Je ne réponds rien, mais lui emboîte le pas sous le soleil dominical déclinant. Nous avançons l'un à côté de l'autre sur la large piste d'athlétisme qui encercle le terrain. Des acclamations résonnent aussitôt – elles font vibrer tout le quartier de Nongo. Lentement, protégés d'un petit comité d'escorte, nous faisons le tour de l'anneau. Je profite pleinement du spectacle des drapeaux déployés, de ce raffut joyeux et coloré. J'en prends plein les oreilles, plein le cœur, plein les yeux.

Ce match de charité entre des footballeurs internationaux conviés – Emmanuel Adebayor, El-Hadji Diouf, Distel Zola, Vikash Dhorasoo, Khalilou Fadiga… – et d'anciennes gloires du Syli, l'équipe nationale du pays, mes trois fils ont œuvré ensemble à l'organiser. Nom de l'opération : « 48 heures pour la Guinée ». Mathias est le président de l'association caritative du même nom, dont le but est de récolter des fonds pour les enfants touchés par des problèmes d'accès à l'eau potable et à l'éducation. Toute la famille, proche ou plus lointaine, est impliquée dans l'événement. Ainsi qu'un ami des enfants, Macky Sylla, et Gaël Mahé, le premier agent de Paul, qui est toujours à nos côtés après tant d'années et continue de nous épauler. Ce 22 juin 2022 voit se dérouler sa deuxième édition. Quelle fierté de pouvoir faire quelque chose pour aider mon pays natal, encore livré à de trop nombreuses difficultés !

Je m'installe dans les tribunes et assiste au spectacle qui commence, épanouie, entourée des miens. Les joueurs des deux équipes s'avancent, prêts et échauffés. Maillots rouges pour les invités, verts pour la Guinée. J'observe, amusée, que Paul n'a pas voulu choisir et renforce tour à tour les deux équipes, jouant tantôt aux côtés de ses copains, tantôt avec les Guinéens. Chaque fois qu'il touche le ballon, le public se répand en ovations.

Mon fils de vingt-neuf ans a la capacité, rare, de pouvoir faire rêver des enfants par dizaines de milliers. Leurs parents ne sont pas en reste, venus nombreux pour l'applaudir. Des buts sont marqués à belle vitesse, par les deux camps. La Pioche manque un penalty bêtement – le jeu n'est pas totalement sérieux, mais l'essentiel n'est pas là ; ce qui est important, c'est le plaisir qu'on prend.

Joueurs de tam-tam et danseurs envahissent soudain l'espace pour la mi-temps, multipliant les cabrioles et les hauts sauts tournoyants. On voit passer nombre de célébrités politiques et artistiques très connues ici, venues tâter l'ambiance et saluer les performances de cet assemblage hétéroclite que nous avons formé. Le chanteur Akon est de la partie, ainsi que le basketteur des Miami Heats Jimmy Butler, venu des États-Unis.

Autour de nous, le jour commence à tomber, les contours du stade se trouvent progressivement baignés d'un halo mordoré. Le ciel se pare de reflets pourpres et bleus de nuit. Tout s'apaise, la pluie ne va plus tarder. Mon frère Sidiki et ma sœur Lucie sont assis près de moi – Lansana a été emporté après une longue maladie il y a quelques années. Je repense à l'enfant que j'étais, bouche bée devant les exploits du Hafia au stade du 28-Septembre.

Aujourd'hui, tous les fils de mon existence sont enfin tissés. Je partage ma vie entre la

France et la Guinée, où mes enfants m'ont offert une belle villa, proche de la mer, dans le quartier de Kipé. « Blédarde de luxe », dis-je souvent en riant. Rien n'a changé, mais tout est différent. J'ai trouvé mon équilibre, ce n'était pas gagné. Il m'aura fallu du temps – plus de cinquante ans. Le sport, en dépit des années, me transporte toujours autant. Voilà déjà un petit moment que j'ai été nommée ambassadrice du football féminin par la Fédération guinéenne de football (Feguifoot). J'aimerais continuer à encourager les jeunes femmes de mon pays à oser jouer, leur donner confiance, et les moyens de progresser. Elles peuvent compter sur moi ; chaque fois que ce sera possible, je serai là pour aider, soutenir, appuyer. Rendre à la mesure de ce qui m'a été donné.

Là où je me suis réfugiée, bien malin celui qui saura me trouver ! En ce début d'automne 2022, j'aspire plus que jamais à un peu de calme, de sérénité. Ces derniers temps, ma famille a été secouée par trop de soubresauts. Ici, dans ma Guinée forestière, je me sens loin des problèmes, à l'abri. Autour de moi, les fidèles sont là, qui font bloc. Mon frère Sidiki, sa femme Wieslawa. Quelques autres, aussi.

Depuis le printemps dernier, nos vies ont été souvent ébranlées. Un moment j'ai pensé résister, tenir tête, contrôler. J'ai donné le change quelque temps, en serrant les dents. Mais la crue était trop forte – elle a tout emporté. À la fin du mois d'août, des posts sur les réseaux sociaux ont changé nos vies.

Mon cœur s'est serré ; mon téléphone n'a plus cessé de sonner. Chaque nouvelle journée a charrié son lot de nouveaux obstacles, de problèmes à régler. Je n'avais plus qu'une obsession : nous mettre, moi et les miens, en sécurité. Ce qu'il s'est passé exactement, entre le printemps et l'été, je ne peux pas en parler. Il est trop tôt, c'est trop frais. Je ne suis d'ailleurs pas au courant de tout, loin de là ! Mais je compte sur la justice, à présent, pour démêler tout ça.

Et rendre justice à mes fils – le cadet comme l'aîné.

*

Six longs mois de stress et de tensions. La vérité finira par éclater, je le sais. Ce qui se dit parfois dans la presse, ou circule sur les réseaux, est très violent. Le tremblement de terre initial a connu des répliques, nombreuses. Mais nous avons connu bien d'autres tracas : cette nouvelle épreuve, nous pouvons l'affronter.

Mes trois petits garçons sont devenus des adultes imposants, décidés. Je reste fière d'eux quoi qu'il arrive, quels que soient les revers, quelles que soient les tempêtes à traverser. Ça secoue, parfois ; il faut s'accrocher. Il n'y a pas de roses sans épines, nous devons l'accepter. Les victoires, souvent, ont un goût salé.

Depuis que notre nom est connu, reconnu, que l'argent ne manque plus, nous rencontrons de nouvelles difficultés. À nous de rester debout quoi qu'il en coûte, d'avancer, pour dépasser les polémiques stériles qui nous ébranlent et pourraient nous faire flancher.

Peu importent les crises : je suis prête à tout endurer, vraiment, pour protéger mes enfants. Quand l'unité vacille, j'œuvre de mon côté pour les ramener à la raison, comme je l'ai toujours fait. Je sais que les choses vont finir par se tasser, par se calmer. Tant pis s'il faut supporter encore un moment toutes ces mauvaises nouvelles et ces rumeurs grotesques qui me brisent le cœur.

Tout ce que je demande, c'est que nous restions ensemble. Le clan Pogba.

Faux amis et vrais jaloux cachés autour de nous aiment me dépeindre en cheffe de gang. On m'appelle la patronne – pourquoi pas, après tout ! J'ai connu le pire et le meilleur, traversé des mondes, fait le tour de la terre. J'ai exploré, chez l'homme, le bon comme le mauvais. Toute la palette, sans oublier aucune nuance. Je suis celle qui tiendra toujours bon, malgré les mauvais coups. Notre famille avant tout. On slalome, on se prend des taquets, c'est le jeu. Et à la fin, on gagne.

Remerciements

Qu'il me soit ici permis de rendre hommage à ma mère, Moussokoro Beavogui, et à mon père, Mathias Fassou Moriba. Ils me manquent tous les jours, je sais ce que je leur dois.

Je dédie ce livre à mes enfants : Florentin, Mathias et Paul Pogba. Je vous aime d'un même amour tous les trois et suis immensément fière de vous ; merci d'être là.

À mes filles, Marie-Yvette et Moussokoro. À mes belles-filles, Sarah et Maria, ainsi que mes petits-enfants bien-aimés.

Je pense aussi à mes frères et sœurs, oncles et tantes, cousins et cousines, amis de France ou de Guinée, qui sont bien trop nombreux pour être tous cités ; ils se reconnaîtront !

À Brel Gaby, le bien-aimé.

À toutes les personnes qui m'ont un jour aidée.

Aux femmes abandonnées ou entravées, qui travaillent dur et ne se plaignent jamais : il faut relever la tête et se battre, croire le changement possible, se garder de désespérer.

Au Syli national, et à mon pays.

Tous mes remerciements fidèles à Sophie de Closets, à Isabelle Saporta, à Damien Bergeret et à Clémence de Blasi, pour avoir permis à ce livre d'exister.

Table des matières

1 – Dimanche de stade 13
2 – Les filles du terrain rouge............. 19
3 – Le camp de Kindia........................ 33
4 – Faire famille 41
5 – Roissy-en-Brie.............................. 49
6 – La Renardière 57
7 – Fourmis noires.............................. 73
8 – Championne.................................. 79
9 – La débrouille 93
10 – Le voyage aux États-Unis........... 105
11 – Premiers pas 109
12 – Allers-retours.............................. 127
13 – Manchester 143
14 – Racines 155
15 – Banlieue feuillue 163
16 – Célébrations................................ 179

17 – Flamboyer.. 189
18 – Bain de foule..................................... 201

Remerciements.. 211

Cet ouvrage a été imprimé en France par
CPI Brodard & Taupin
Avenue Rhin et Danube
72200 La Flèche (France)

pour le compte des Éditions Fayard
en octobre 2022

Photocomposition Nord Compo à Villeneuve-d'Ascq

PAPIER À BASE DE FIBRES CERTIFIÉES

Fayard s'engage pour l'environnement en réduisant l'empreinte carbone de ses livres. Celle de cet exemplaire est de :
0,400 kg éq. CO_2
Rendez-vous sur www.fayard-durable.fr

N° d'édition : 83-5308-0/01 - N° d'impression : 3050651